Jheronimus bosch

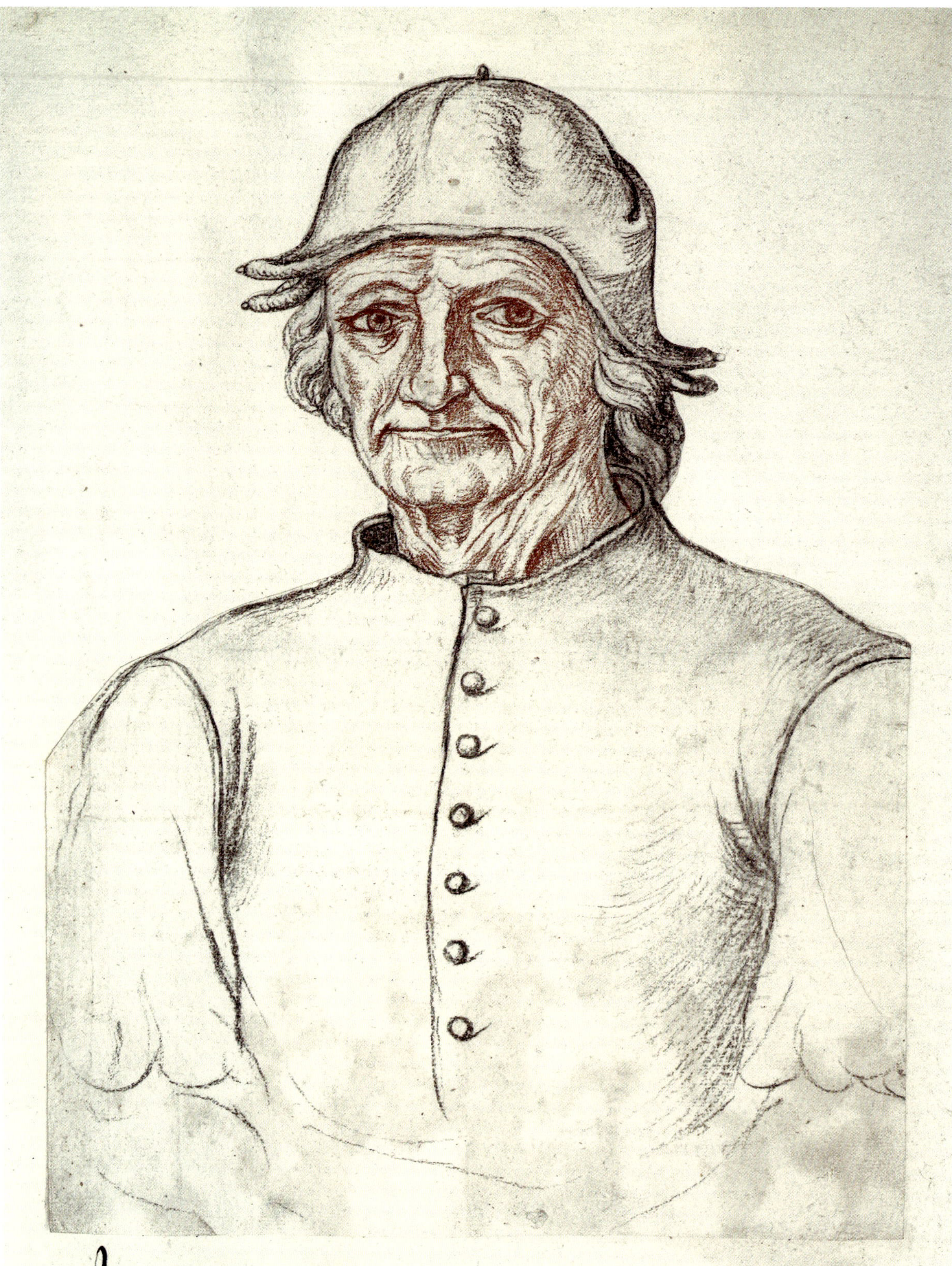
Jeronimus Bos paintre
jeronimus Bos peintre

Walter Bosing

El Bosco

hacia 1450-1516

Entre el cielo y el infierno

TASCHEN

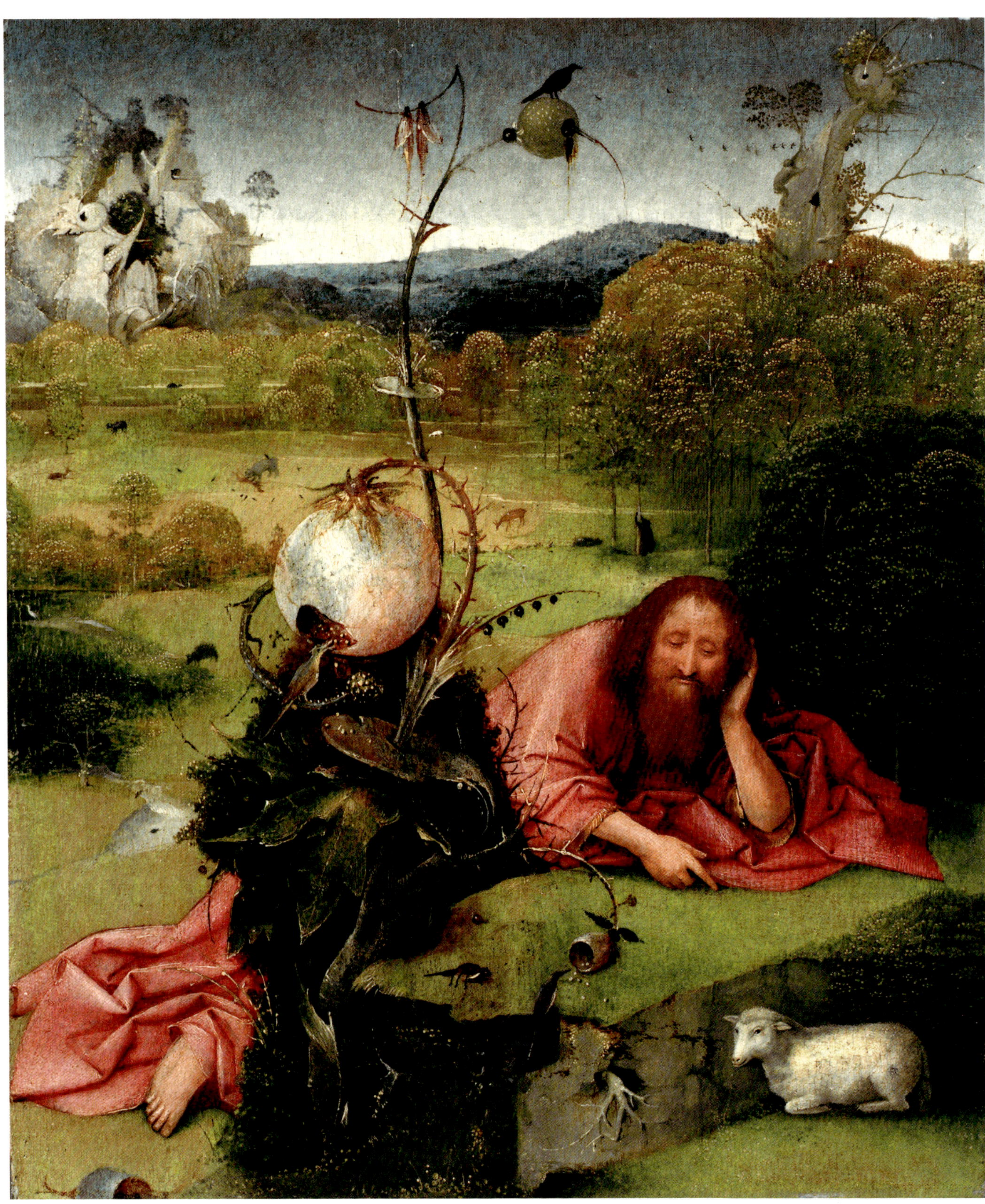

Índice

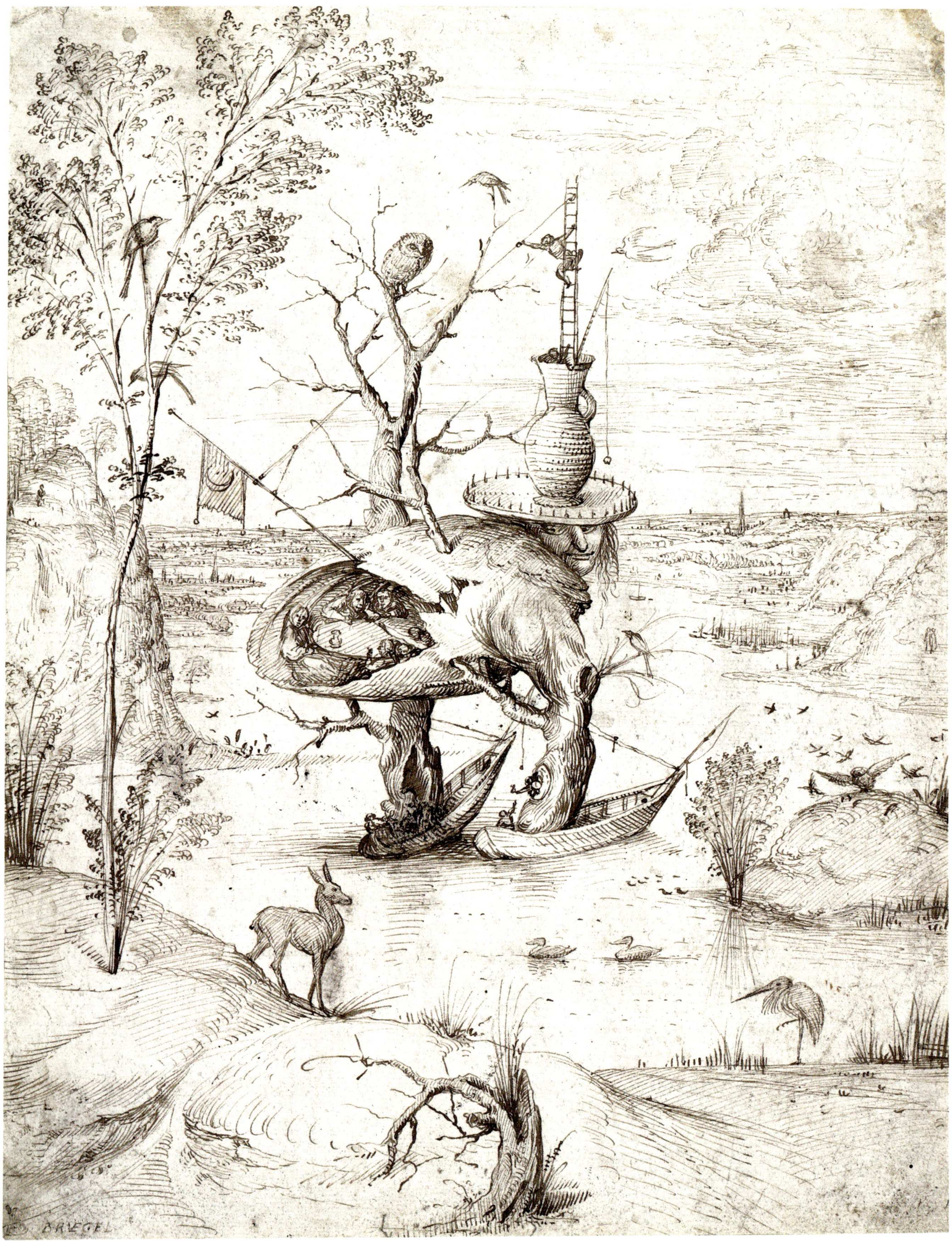
BRVEGEL

Introducción

Para estudiar el mundo iconográfico de Jeroen (Jerónimo) van Aeken, llamado
«El Bosco», que tan extraño se muestra al observador moderno, ningún lugar
ofrece más posibilidades que el Museo del Prado de Madrid. Allí se hallan nada
menos que tres de sus principales retablos y varios cuadros de menor formato,
bien pintados por él mismo o bien salidos de su taller, obras que presentan un
dramático contraste con las demás pinturas neerlandesas que se exhiben en la
misma sala. Los detalles fríamente observados y plasmados con precisión en *Los
desposorios de la Virgen* (hacia 1440), que debe atribuirse a un maestro cercano
a Robert Campin, y la moderación digna y escultural de *El Descendimiento de
la Cruz*, obra realizada hacia 1430 por Campin o por su discípulo Rogier van der
Weyden (también se baraja una colaboración entre ambos), no tienen nada en
común con los paisajes llenos de demonios que vemos en *El carro de heno* o en
El jardín de las delicias de El Bosco. El arte de los maestros antiguos está firmemente enraizado en el mundo prosaico y substancial de la experiencia cotidiana,
sin embargo, El Bosco parece crear ante nuestros ojos un mundo de sueños,
o mejor dicho, de pesadillas llenas de figuras fantasmagóricas que se nos presentan como una alucinación.

Los cuadros de El Bosco siempre fascinaron a los espectadores, si bien por
motivos ambivalentes. El español Felipe de Guevara* escribió hacia 1560, en el
primer y —como hay que subrayar— muy fidedigno estudio sobre El Bosco,
que el artista solo pintó monstruos y «diabluras» cuando lo exigía el tema y, sin
embargo, sus innumerables imitadores las trataron como «cosas de diversión».
Medio siglo después, el historiador holandés de arte Carel van Mander** describió las pinturas de El Bosco principalmente como «fantasías sorprendentes
y extrañas…». Al parecer, estas «fantasías» se ponían a un mismo nivel con las
bufonadas, los motivos fantásticos, divertidos y grotescos que aparecían al margen de las páginas iluminadas en los libros de la Baja Edad Media, o con los
elementos *grotteschi* de la ornamentación del Renacimiento italiano. En la Italia
de aquel tiempo, también se solía denominar las exóticas composiciones de
El Bosco como *grilli* —por así decir, con la cabeza llena de grillos—, procedentes
de un mundo de salvajes ocurrencias y locuras inofensivas.

Esta antigua tendencia hacia una interpretación que «resta importancia» al
significado probablemente sorprenda a muchos lectores, pues los autores especia-
lizados —y en particular los de la primera mitad del siglo XX— prácticamente

El hombre-árbol
Pluma y bistre, 27,7 x 21,1 cm
Viena, Albertina, colección gráfica

* Felipe de Guevara: *Comentarios de la pintura*,
ed. A. Ponz, Madrid 1788.

** Carel van Mander: *Das Leben der
niederländischen und deutschen Maler*,
traducido y comentado por H. Floerke,
Múnich/Leipzig 1906.

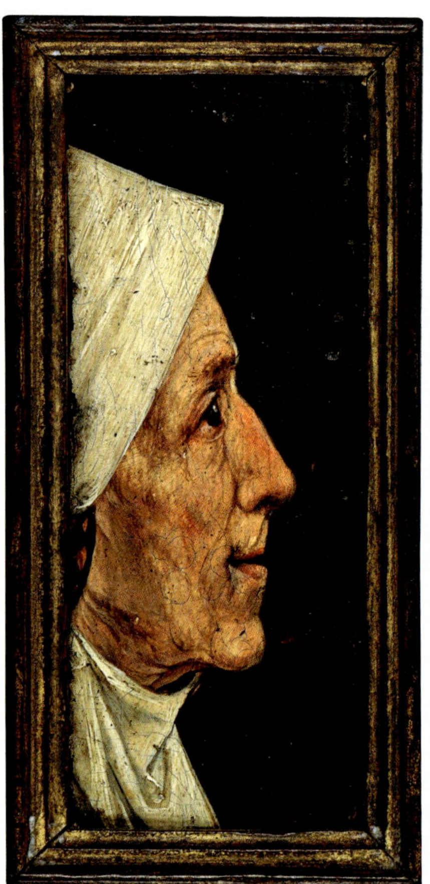

Artista holandés (?)
Cabeza de mujer (fragmento)
Óleo sobre tabla, 13 x 5 cm
Róterdam, Museo Boijmans Van Beuningen

*Wilhelm Fraenger: *Hieronymus Bosch.
Das Tausendjährige Reich. Grundzüge einer
Auslegung*, Coburgo 1947. – *The Millennium
of Hieronymus Bosch. Outlines of a New
Interpretation*, Chicago 1951, Londres 1952.

** Norman O. Brown: *Love's Body*,
Nueva York 1966.

rivalizaron en interpretar los temas de El Bosco de un modo cada vez más profundo. Algunos exégetas llegaron incluso a «descifrar» sus temas como un lenguaje oculto de carácter rosacruciano, alquimista, astrológico o judeo-gnóstico. Otros autores lo denominaron como una especie de surrealista del siglo XV, que habría extraído sus formas —de modo comparable a Salvador Dalí— de las profundidades del inconsciente, quizá incluso bajo la influencia de drogas alucinógenas. Las que más consecuencias tuvieron —y resultaron ser más fatales, desde el punto de vista científico— fueron las interpretaciones que relacionaron a El Bosco con las diversas herejías religiosas existentes durante la Edad Media.

En primer lugar se ha de mencionar, en este contexto, a Wilhelm Fraenger*. Según él, El Bosco era miembro de la Hermandad del Espíritu Libre, una secta que floreció por toda Europa durante varios siglos, después de su primera aparición en el siglo XIII. Existe escasa información sobre esta secta, pero se supone que practicaba la promiscuidad sexual como parte de sus ritos religiosos, a través de los cuales intentaba lograr el estado de inocencia del que gozaban Adán y Eva antes del pecado original; por ello se los llama también «adamitas». Fraenger supone que *El jardín de las delicias* (il. págs. 52-53) —que, dicho sea de paso, es una de las obras de la historia europea del arte que más frecuentemente se han reproducido— estaba destinado a un grupo de adamitas de Bolduque ('s-Hertogenbosch), donde vivía el artista, y que la escena erótica de la tabla central no representa una condena a la sensualidad desenfrenada, sino todo lo contrario: un elogio a las prácticas religiosas de esta secta. Fraenger también relacionó otras obras de El Bosco con los adamitas y sus doctrinas.

Durante algún tiempo, la tesis de Fraenger fue un remedio milagroso para solucionar todos los problemas, tanto para la investigación universitaria como para el hambre de sensaciones de determinados ambientes. Resulta significativo que un partidario de lo que se podría llamar «sexualidad terapéutica», Norman O. Brown, en su libro *Love's Body*** de 1966, calificara *El jardín de las delicias* de una ilustración práctica de sus propias teorías.

Sin embargo, actualmente los expertos rechazan casi unánimemente las teorías de Fraenger. No existe evidencia histórica alguna de que El Bosco hubiera pertenecido a los adamitas o de que pintara para ellos. De hecho, la última referencia cierta a este grupo en los Países Bajos aparece en Bruselas en 1411. Aún en el caso de que los adamitas hubieran sobrevivido de alguna manera oculta hasta inicios del siglo XVI, resulta difícil que El Bosco fuera otra cosa que un cristiano ortodoxo: era miembro, como su padre y también sus hermanos, de la Hermandad de Nuestra Señora, una cofradía de clérigos y laicos dedicada al culto de la Virgen, libre de cualquier sospecha de herejía. Consta documentalmente que El Bosco ejecutó varios encargos para esta hermandad; su posición como hermano jurado presuponía haber recibido las órdenes menores y ejercer un oficio eclesiástico subalterno, lo que es imposible de imaginar en el caso de que hubiera sido un pintor herético. Además contó con el patrocinio de miembros de la alta jerarquía eclesiástica y nobiliaria, uno de los cuales —Enrique III de Nassau (1483-1538)— probablemente encargó *El jardín de las delicias*. Sobre la ortodoxia religiosa de estos mecenas no cabe la menor duda. En la segunda mitad del siglo XVI, una serie de obras de El Bosco —entre ellas, *El jardín de las delicias*— fue adquirida por el más conservador de los católicos, Felipe II de España. Era la época de la Contrarreforma, cuando inquisidores fanáticos velaban con particular dogmatismo por la recta doctrina. Solo hacia finales del siglo XVI aparecen en España sospechas aisladas de que las obras de El Bosco estaban «viciadas de herejía»; pero el sacerdote español fray José de Sigüenza rechazó enérgicamente esta acusación en 1605.

En lugar de caer en especulaciones insondables, es más acertado comprender a El Bosco partiendo del folclore de su época y considerando su entorno histórico y los proverbios y canciones didáctico-morales, tan difundidos entonces, como sus fuentes de inspiración. Como han demostrado principalmente los investigadores neerlandeses Dirk Bax* y Roger H. Marijnissen**, frecuentemente se trataba de traducciones visuales de juegos de palabras y metáforas verbales. No se debe olvidar en este contexto la crítica a los eclesiásticos corruptos, a la soberbia, la avaricia y el libertinaje sexual de religiosos, que contaba con una larga tradición y que en la transición de la Edad Media al Renacimiento se expresó en multitud de medios. El Bosco se vio enfrentado con ello del mismo modo que con los excesos de la superstición, muy difundidos y que se expresaban sobre todo en el miedo frente a la brujería, en la caza de brujas y su quema en la hoguera.

La interpretación de los trabajos de El Bosco —el catálogo de sus obras cuenta con mucho más de mil títulos— se ve dificultada por el hecho de que en prácticamente ningún caso está asegurada la autoría de su propia mano: bastantes obras, de las que antiguos críticos extraían conclusiones osadas, están actualmente consideradas como trabajos de discípulos, copias o paráfrasis. De los algo menos de veinte dibujos que se le habían atribuido hasta ahora, actualmente solo tres (quizá se enjuicie de forma demasiado rigurosa) se consideran absolutamente de su propia mano: *Nido de lechuzas*, en Róterdam (il. pág. 56), *El hombre-árbol* (il. pág. 6), que se conserva en Viena, y *Campo con ojos y bosque con orejas*, en Berlín (il. pág. 51). Pero también las demás láminas, creaciones de su taller, de discípulos o de imitadores cercanos, suponen, por su concentración sobre motivos profanos, extraños o demoníacos, algo nuevo en el dibujo neerlandés. La dificultad que presenta, y sigue presentando, tratar críticamente el estilo del dibujo de El Bosco se aprecia por ejemplo en la lámina *María y Juan al pie de la cruz* (il. pág. 74). Mientras que antes, algún experto concebía que pudiera tratarse de una obra de El Bosco, actualmente se fecha en 1440 y se postula como autor a un artista anónimo neerlandés o incluso posiblemente austriaco.

Las innumerables copias que de sus obras hicieron artistas posteriores —del retablo de Lisboa (il. págs. 90-91) se conservan unas treinta copias del siglo XVI— dificultan aún más el estudio de las auténticas creaciones iconográficas de El Bosco.

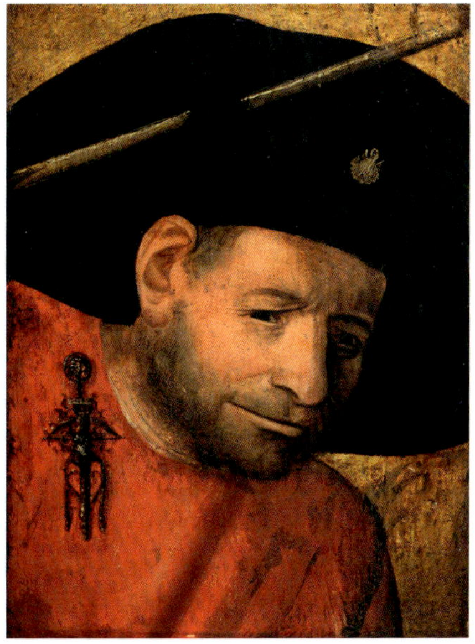

Imitador de El Bosco
Cabeza de un ballestero
Óleo sobre tabla, 28 x 20 cm
Madrid, Museo del Prado

* Dirk Bax: *Ontcijfering van Jeroen Bosch*, La Haya 1949. – *Hieronymus Bosch, his picture-writing deciphered*, Róterdam 1979.

** Roger H.Marijnissen, con la colaboración de Peter Ruyffelaere: *Hieronymus Bosch. Das vollständige Werk*, Weinheim 1988.

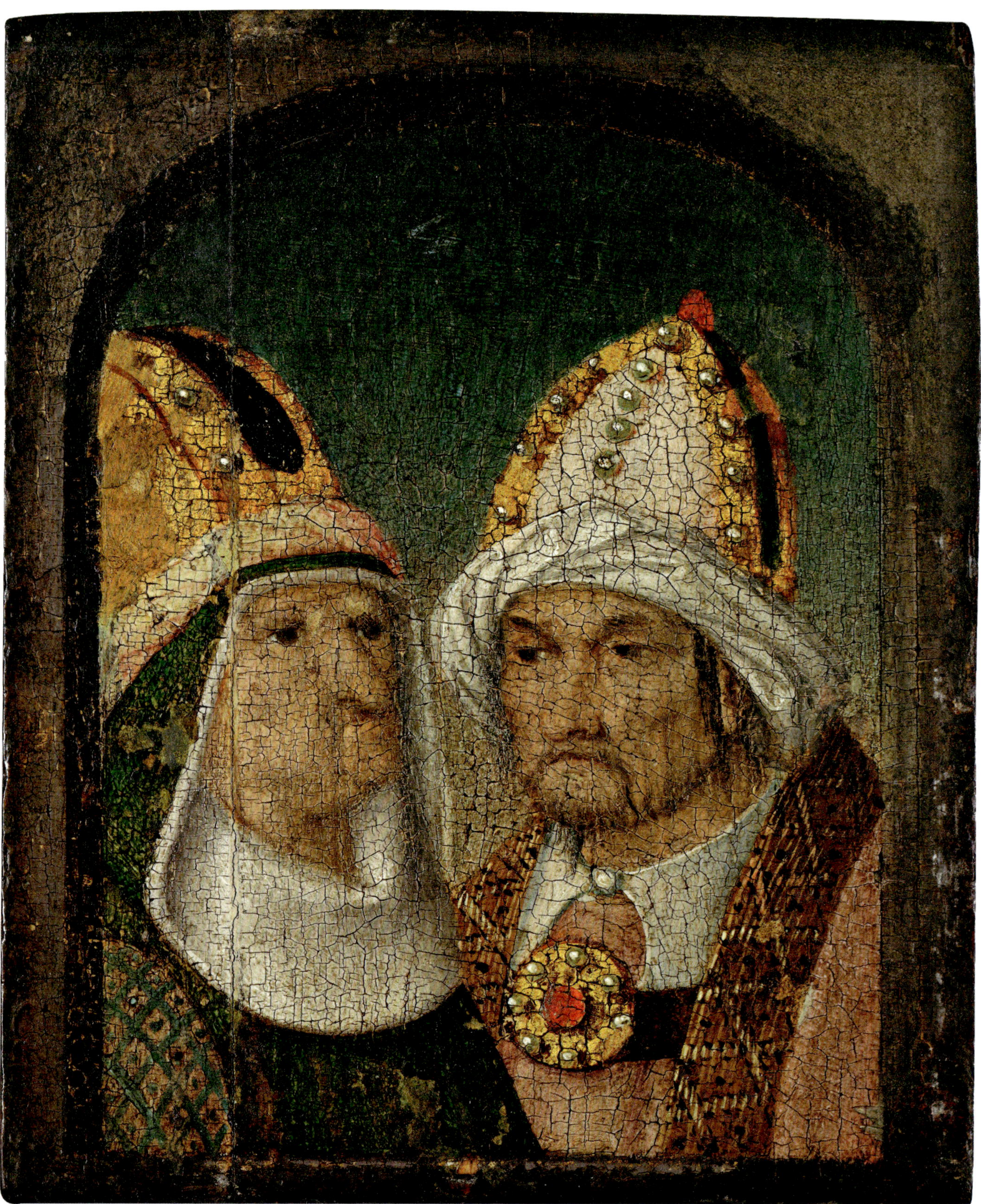

Vida y medio social

Jeroen van Aeken vivió y trabajó en Hertogenbosch, la ciudad de la que el pintor tomó —al parecer, por iniciativa propia— su apellido. En tiempos de El Bosco, Hertogenbosch era una de las cuatro principales ciudades de Brabante, que formaba parte del ducado de Borgoña. Las otras tres villas brabanzonas más importantes, Bruselas, Amberes y Lovaina, están situadas en el sur, en el territorio de la actual Bélgica; por el contrario, Hertogenbosch se encuentra en el norte, geográficamente cerca de las provincias de Holanda y Utrecht. En las postrimerías de la Edad Media, Hertogenbosch era un floreciente centro comercial, núcleo de una área agrícola con amplias conexiones mercantiles, tanto con el norte de Europa como con Italia. A pesar de que contaba con una importante industria de paños, la ciudad tenía especial renombre por sus fabricantes de órganos y fundidores de campanas. Además era un centro importante para la fabricación de cuchillos, como lo prueba un detalle en el ala del infierno de *El jardín de las delicias* (il. pág. 53): sobre el filo del gigantesco cuchillo que aparece en la parte superior izquierda —entre el par de orejas— puede apreciarse la letra uncial «M», que ha dado lugar a numerosas, y en muchos casos, peregrinas interpretaciones. Tras un hallazgo arqueológico en Hertogenbosch se puede afirmar, a ciencia cierta, que se trataba de la marca de un maestro fabricante de cuchillos de aquella ciudad.

La población comercial, que pertenecía predominantemente a la clase media, daba su impronta al carácter de la ciudad, ya que Hertogenbosch no tenía corte principesca y tampoco era sede ni de universidad ni de diócesis, como lo eran las otras ciudades principales de Brabante. Con todo, la ciudad natal de El Bosco albergaba una escuela de latín y varios círculos literarios.

También había muchos grupos y actividades religiosas; en la ciudad y sus alrededores existía gran número de conventos y monasterios, entre los cuales merecen especial interés las dos casas que establecieron los Hermanos y Hermanas de la Vida Simple. Esta hermandad, una orden laica sin votos, nació en Holanda y tuvo que ser bien conocida por El Bosco y sus comitentes. La *devotio moderna* desempeñó un papel destacado en el despertar religioso del siglo XV y probablemente contribuyó al extraordinario aumento del número de fundaciones religiosas en Hertogenbosch. Así, alrededor de 1526, solamente diez años después de la muerte de El Bosco, al menos uno de cada diecinueve habitantes de Hertogenbosch pertenecía a una orden religiosa, una proporción mucho más elevada de

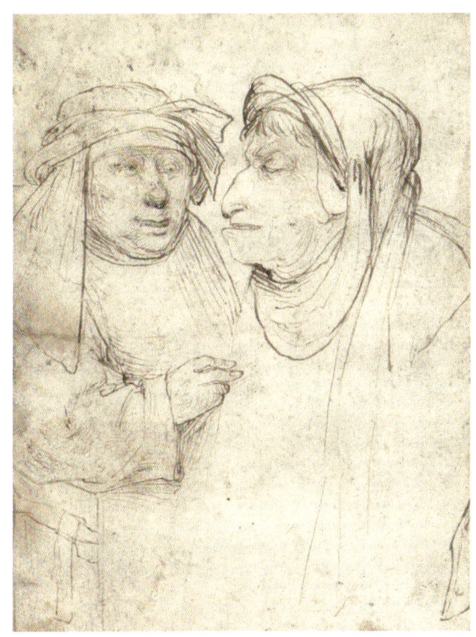

Taller
Dos cabezas
Pluma y bistre, 13,3 x 10 cm
Nueva York, Colección Lehmann

Maestro anónimo del sur de los Países Bajos
Dos figuras con mitras, siglo XV
(atribuido antiguamente a El Bosco)
Óleo sobre tabla, 14,5 x 12 cm
Róterdam, Museo Boijmans Van Beuningen

lo que se puede encontrar en otras ciudades neerlandesas de la época. La presencia de tantos claustros y la competencia económica que existía entre estos desencadenaron al parecer una considerable hostilidad entre los burgueses y los religiosos, actitud que también se refleja en el arte de El Bosco.

Con todo, a pesar de la crítica frecuente a las órdenes religiosas, la autoridad de la Iglesia no había sufrido aún una seria sacudida. La religión todavía impregnaba todos los aspectos de la vida cotidiana: cada gremio tenía su propio santo patrón, y todos los ciudadanos participaban en las grandes fiestas religiosas y en las procesiones anuales. La gran iglesia de San Juan (Sint Jan) se presentaba —y así aparece aún hoy— como encarnación esculpida en piedra de la fe y, al mismo tiempo, como testimonio de orgullo cívico y prosperidad comercial. Comenzada a fines del siglo XIV y no terminada hasta el siglo XVI (la iglesia parroquial fue elevada al rango de catedral en 1559), esta construcción es un buen ejemplo del estilo gótico brabanzón, que se caracteriza sobre todo por su rica decoración de talla. Especialmente en las filas de figuras fantásticas, en las que aparecen monstruos y peones sentados a horcajadas sobre los arbotantes, se ha querido ver la inspiración para las fantasmagóricas criaturas de El Bosco.

La iglesia de San Juan se encontraba aún en su primera fase de construcción cuando, a fines del siglo XIV o comienzos del XV, se establecieron en Hertogenbosch los antepasados de El Bosco. Su apellido, van Aeken (van Aken, van Aaken, van Acken), sugiere que provenían originariamente de la ciudad alemana de Aquisgrán (Aachen en alemán; Aaken en neerlandés). Entre los años 1430 y 1431 aparece la primera mención cierta del abuelo de El Bosco, Jan van Aeken, quien murió en 1454. Jan tuvo cinco hijos, de los cuales por lo menos cuatro eran pintores; uno de ellos, Antonius van Aeken (fallecido hacia 1480), fue el padre de Jeroen van Aeken o Hieronymus Bosch, El Bosco.

El Bosco no dejó diarios ni cartas. Las pocas referencias que se tiene de su vida se conservan en el archivo municipal de Hertogenbosch, principalmente en los libros de cuentas de la Hermandad de Nuestra Señora. Estos registros no nos suministran información alguna sobre su persona; ni siquiera aparece su fecha de nacimiento. Un retrato del artista, tal vez la copia de un autorretrato, muestra al Bosco a una edad bastante avanzada (il. pág. 2). Si se supone que el original fue pintado poco tiempo antes de su muerte, en 1516, El Bosco habría nacido alrededor del año 1450 (algunos autores fijan la fecha en 1453). Documentalmente se le menciona por primera vez en 1474, junto con sus dos hermanos y una hermana; uno de los hermanos, Goossen († 1497), también era pintor. Entre los años 1480 y 1481, El Bosco se casó con Aleyt Goyaerts van den Meervenne († 1522/23), probablemente algunos años mayor que él. Procedía de una respetable familia y poseía una considerable fortuna.

Entre 1486 y 1487 el nombre de El Bosco aparece por primera vez en las listas de los miembros de la Hermandad de Nuestra Señora. La corporación, fundada poco antes de 1318, agrupaba a hombres y mujeres, tanto laicos como religiosos; estos centraban sus devociones en el culto a la famosa imagen milagrosa de la Virgen, la *Zoete Lieve Vrouw*, que se encontraba en la iglesia de San Juan. Esta rica y numerosa organización, que atraía también a personas de fuera de Hertogenbosch, del norte de los Países Bajos, así como de Renania y Westfalia, tenía un carácter dominante en la vida religiosa y cultural de la ciudad. Cantantes, organistas y compositores participaban con su música en las misas diarias y en las fiestas solemnes de la hermandad. También encargaban obras de arte para embellecer su capilla; en 1478, decidieron construir una capilla nueva y más espléndida, al costado norte del coro de la iglesia de San Juan, aún sin concluir.

Artista holandés (¿Brabante?)
***Epifanía (La Adoración de los Reyes Magos)**, hacia 1500*
Óleo sobre tabla, 74 x 54 cm
Philadelphia Museum of Art,
The John G. Johnson Collection

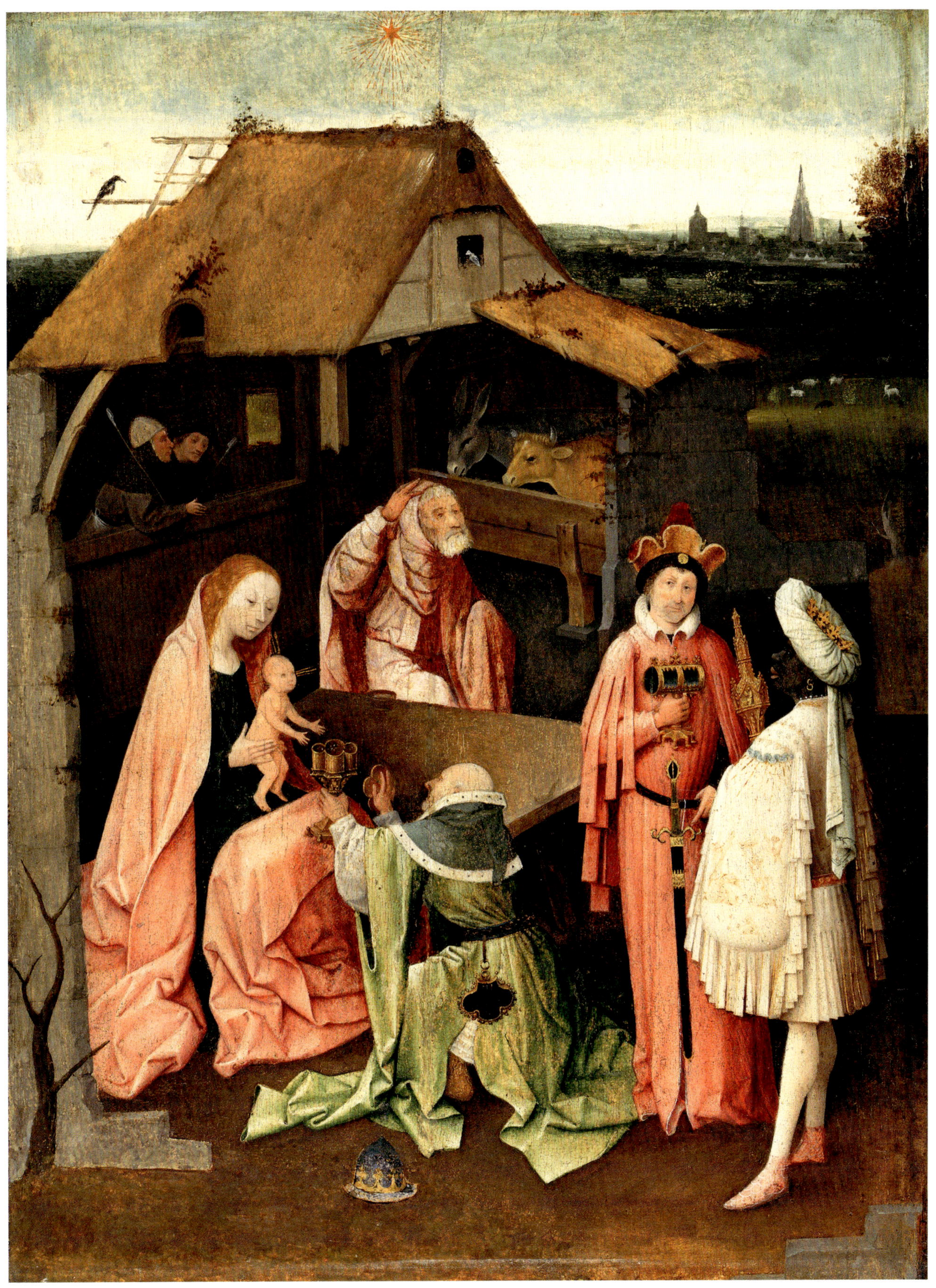

La mayor parte de la familia Van Aeken pertenecía a la hermandad; muchos de ellos participaron, por su encargo, en diferentes trabajos artísticos: con particular frecuencia se les encargó dorar y policromar las efigies de madera que se llevaban en andas en las procesiones anuales. Parece que también el padre de El Bosco, Antonius van Aeken, actuó como una especie de consejero artístico de la hermandad. Por ejemplo, entre los años 1475 y 1476, él y sus hijos estuvieron presentes cuando el consejo de la hermandad decidió encargar un gran retablo de madera para su capilla, que se terminaría en 1477.

Nominalmente, Hieronymus no aparece en las actas de la hermandad hasta 1480/81: a partir de esta fecha recibió una serie de encargos de la congregación. Entre ellos había varios diseños: uno, de 1493/94, para una vidriera que se colocaría en la capilla nueva; otro, de 1511/12, para un crucifijo; en 1512/13, para un candelabro en el coro de San Juan.

No existe ningún documento del que pueda inferirse que El Bosco abandonara nunca su ciudad natal. No obstante, ciertos aspectos estilísticos sugieren una estancia en Utrecht; la evidente influencia del arte flamenco en su estilo maduro indica que también pudo haber viajado al sur de los Países Bajos. Ahora bien, para pintar su *Crucifixión de una mártir* (il. pág. 83), El Bosco no tuvo necesariamente que hacer un viaje al norte de Italia, donde el culto a santa Julia —si es que en realidad el tema de esta obra es dicha santa— era especialmente popular. Bien pudo recibir dicho encargo de mercaderes o diplomáticos italianos que residían en los Países Bajos, como había sucedido en el caso del *Tríptico Portinari* de Hugo van der Goes, hacia 1475-1479 (Florencia, Galleria degli Uffizi).

La última anotación del pintor en las actas de la Hermandad de Nuestra Señora registra su muerte en 1516; el 9 de agosto de ese año se celebró en la iglesia de San Juan un funeral por su alma.

Apenas existen algunas referencias más a las obras de El Bosco. Por varias fuentes del siglo XVII sabemos que en la iglesia de San Juan podían verse otras pinturas realizadas por él. En 1504, Felipe el Hermoso, duque de Borgoña, encargó un retablo a «Jeronimus van Aeken, llamado El Bosco»; esta es la primera vez que se hace referencia al pintor por su lugar de origen. El retablo debería representar el Juicio Final acompañado a cada lado por el Cielo y el Infierno; esta obra se ha perdido, pero algunos expertos creen que existe un fragmento de la misma en una pequeña tabla de Múnich (il. págs. 42), mientras que otros identifican el tríptico del *Juicio Final* de Viena (il. págs. 36-37) como una réplica de dicho retablo en menor tamaño. Ninguna de las propuestas es completamente convincente.

De los cuadros auténticos (dependiendo de la opinión de los especialistas, entre 30 y 25, o incluso menos*) o bien atribuidos a El Bosco que se conservan en colecciones públicas y privadas de Europa y Estados Unidos, su fecha sigue siendo incierta. Ni siquiera uno de ellos está fechado y algunos están tan gravemente deteriorados y repintados que no es posible inferir conclusión alguna. Las propuestas de datación, en parte extraordinariamente controvertidas y que divergen en decenios, demuestran que el instrumental crítico-estilístico de las ciencias que estudian el arte no son suficientes —cuando se carece de material de archivo— para elaborar una cronología real**.

Ecce Homo (Exhibición de Cristo ante el pueblo), entre 1480 y 1490
Óleo sobre tabla, 75 x 61 cm
Fráncfort, Städel Museum

* Especialmente crítico frente a un elevado número de atribuciones, con argumentos convincentes: Gerd Unverfehrt: *Hieronymus Bosch. Die Rezeption seiner Kunst im frühen 16. Jahrhundert*, Berlín 1980. Sin embargo, Fritz Koreny va probablemente demasiado lejos; en el Congreso de Róterdam sobre El Bosco, el 6.11.2001, excluyó de las obras de El Bosco el tríptico *El carro de heno* del Prado, *El hijo pródigo* de Róterdam, *La nave de los locos* de París, *Cristo con la cruz a cuestas* de Viena, *Las tentaciones de san Antonio* de Lisboa y todas las tablas que se conservan en Venecia. Entre las importantes publicaciones recientes se pueden citar: Jos Koldeweij, Paul Vandenbroeck y Bernard Vermet: *Hieronymus Bosch. Das Gesamtwerk*, Stuttgart 2001; Larry Silver e Ingrid Hacker-Klier: *Hieronymus Bosch*, Múnich 2006.

** Por ello, las leyendas de las ilustraciones de este libro solo presentan propuestas de datación que parecen probables y que son aceptadas por gran parte de los especialistas.

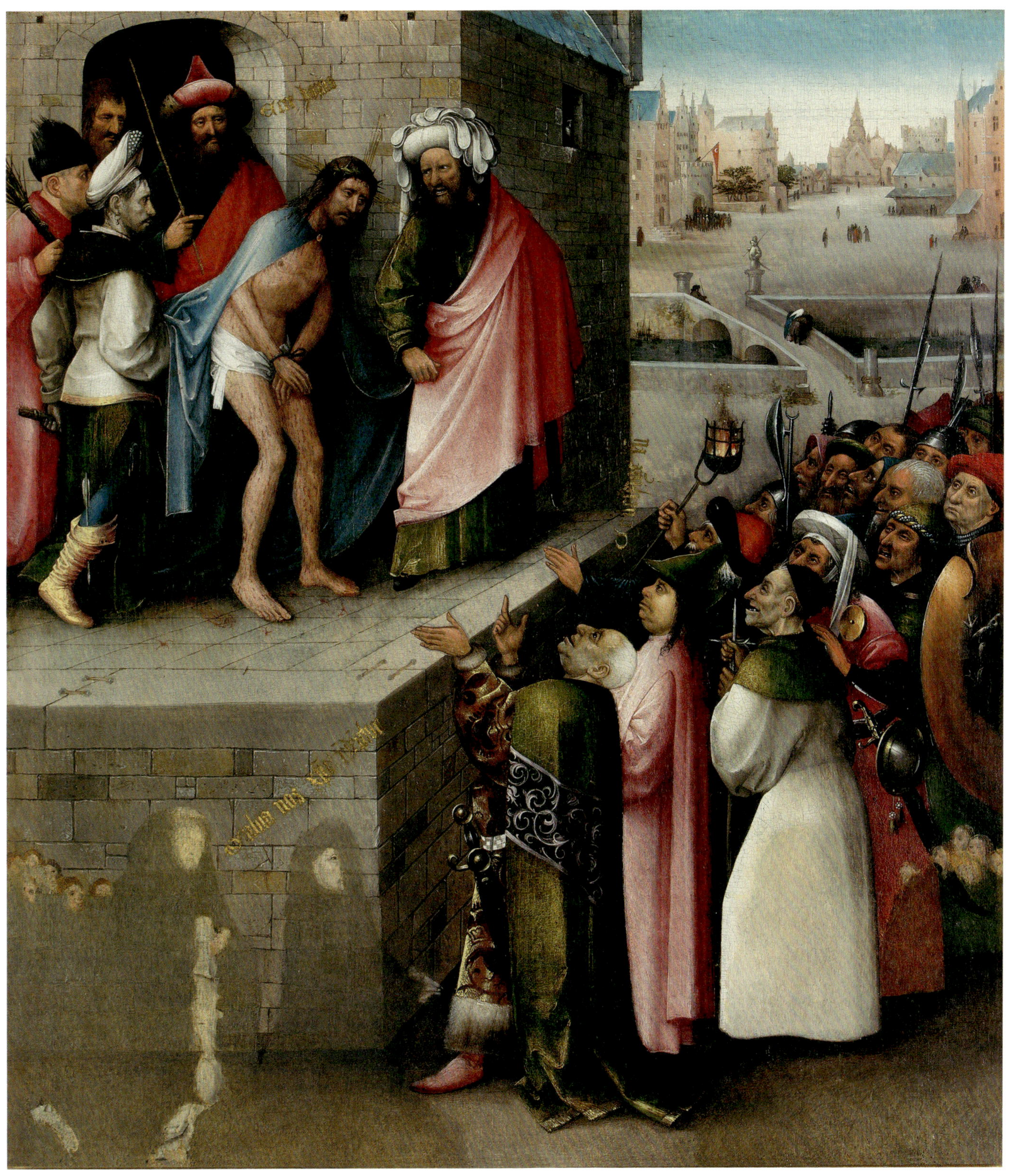

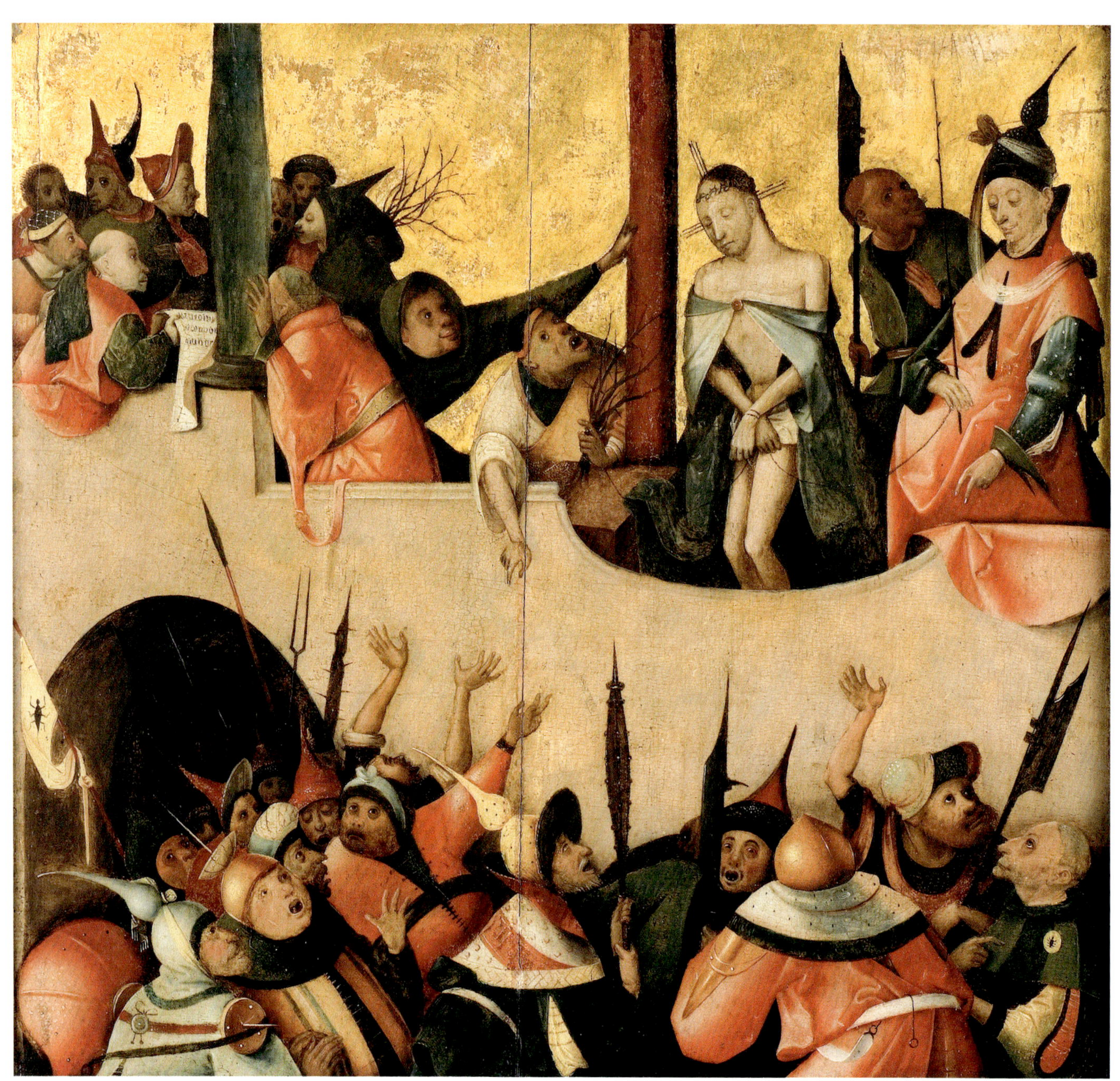

Orígenes artísticos y primeras escenas bíblicas

Si lo que conocemos acerca de la vida de El Bosco es poco, menos aún sabemos de sus antecedentes artísticos. Se supone en general que fue aprendiz de su padre o de alguno de sus tíos. Cuando Hieronymus van Aeken comenzó a hacer sus primeras obras autónomas, los primeros grandes maestros de la escuela flamenca, Jan van Eyck y Robert Campin, habían fallecido hacía ya treinta años. Rogier van der Weyden también había muerto; pero sus seguidores continuaban en Bruselas su estilo frío y reservado. Bajo la influencia de Rogier van der Weyden se encontraba también Dieric Bouts, que estaba finalizando entonces su carrera en Lovaina, así como Hans Memling de Brujas. Con las vigorosas composiciones de Hugo van der Goes estaba surgiendo en Gante un estilo que, si bien se basaba en los presupuestos de esta escuela, tenía un carácter más personal.

En vida de El Bosco, las provincias septentrionales de los Países Bajos no eran ni tan ricas ni políticamente tan poderosas como Brabante y Flandes. Sin embargo consta que existió una escuela de pintura bastante importante en Haarlem, conducida por Geertgen tot Sint Jans y sus seguidores, mientras que el maestro anónimo del *Virgo inter Virgines* trabajó en Delft, en las dos últimas décadas del siglo XV. Aunque solo se conocen unas pocas tablas realizadas en Utrecht, parece que esta antigua ciudad fue un centro importante de iluminación de libros. ¿Es posible que el Bosco recibiera su formación con un iluminador de libros y obtuviera aquí ciertas inspiraciones?

Como Hertogenbosch formaba parte de Brabante, y la iglesia de San Juan representa la culminación del estilo gótico brabanzón, muchos escritores han buscado los orígenes artísticos de El Bosco en las tradiciones creadas por Robert Campin, Rogier van der Weyden y otros artistas que trabajaron en el sur de los Países Bajos. Otros estudiosos o bien negaron la evidencia de estas influencias, o bien las aceptaron tan solo para obras tardías. Sin embargo, las obras tempranas de El Bosco o las más maduras —siempre que, dentro de una cronología relativa, se pueda hablar con razón de tales, pues han aumentado las dudas sobre el sentido que tenga tal diferenciación— muestran familiaridad con el arte holandés y en particular con la iluminación de libros. Por ejemplo, se ha comprobado que existen influencias de miniaturas holandesas en la *Epifanía (La Adoración de los Reyes Magos)* de Filadelfia, a la que nos referiremos a continuación, o en *San Juan Evangelista en Patmos* (il. pág. 86).

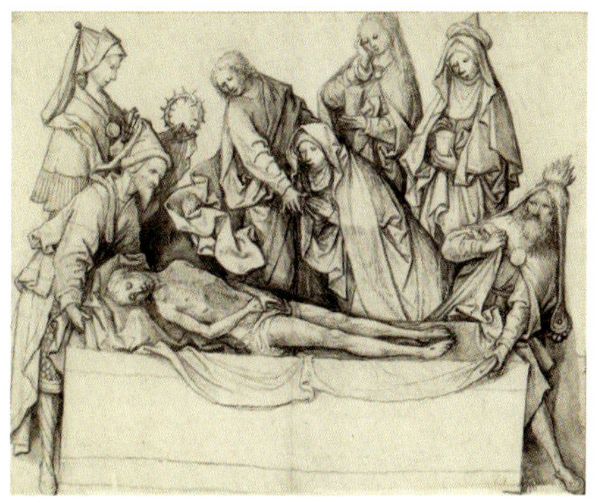

Taller o sucesor de El Bosco
Sepultura de Cristo
Pincel con tinta negra y gris, lavado gris sobre dibujo previo con tiza negra, 25,2 x 35 cm
Londres, British Museum,
Department of Prints and Drawings

Artista holandés (¿imitador de El Bosco?)
Ecce Homo (Exhibición de Cristo ante el pueblo)
Óleo sobre tabla, 52 x 53,9 cm
Philadelphia Museum of Art,
The John G. Johnson Collection

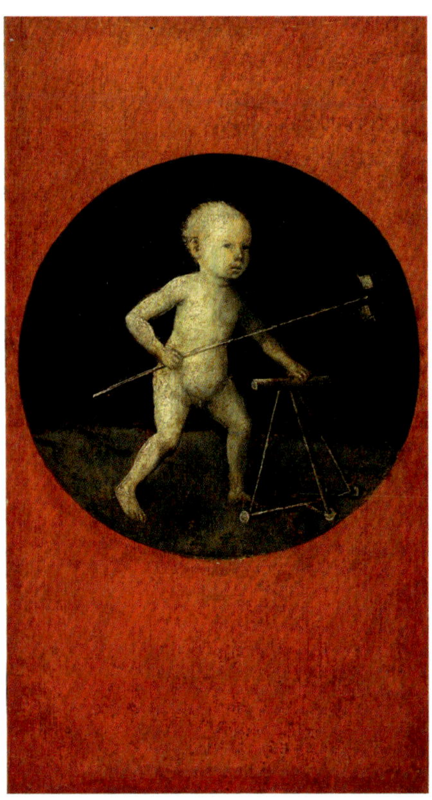

*Niño Jesús jugando con un molinete
y un andador*
Medallón del reverso de *Cristo con la
Cruz a cuestas*
Óleo sobre tabla; diámetro: aprox. 28 cm
Viena, Kunsthistorisches Museum

Cristo con la cruz a cuestas, hacia 1500-1510
Óleo sobre tabla, 57,2 x 32 cm
Viena, Kunsthistorisches Museum

En principio, el arte de El Bosco no puede clasificarse inequívocamente como perteneciente a una determinada «escuela». Es singular, no solo desde el punto de vista iconográfico, sino también del estilo y de la técnica. Su tantas veces invocado realismo se refiere a la plasmación psicológica de las figuras, pero no —o no tanto— a la reproducción exacta de las cosas y sus superficies materiales. La imprimación de sus cuadros es considerablemente más fina que la de otros viejos maestros neerlandeses, de modo que en las partes claras se transparenta la estructura de la tabla de madera. También renunció a superponer varias capas de pintura; su pincelada es mucho más espontánea, «gestual», pictórica; en ocasiones utilizó incluso la espátula o en algunas partes extendió la pintura frotándola con los dedos. Mediante la virtuosa graduación de las zonas cromáticas para formar un espacio con perspectiva aérea eleva sobre todo sus fondos paisajísticos, si se comparan con los de otros artistas neerlandeses de los siglos XV y comienzos del XVI, a un efecto insuperable.

Entre las obras que en general, si bien no unánimemente, se suponen como pertenecientes al primer período de El Bosco se encuentran varias escenas bíblicas pequeñas: la *Epifanía (La Adoración de los Reyes Magos)* de Filadelfia, que hoy día raramente se considera una obra de El Bosco (il. pág. 13), el *Ecce Homo* de Fráncfort del Meno (il. pág. 15) —según el estado actual de los conocimientos y la evaluación de los más recientes análisis científicos del cuadro, la única obra auténtica de juventud del artista— y el ala de un altar de Viena, *Cristo con la cruz a cuestas* (il. pág. 19), si bien algunos estudiosos clasifican esta última como perteneciente al periodo medio. Todas esas tablas tienen un esquema de composición relativamente sencillo y convencional.

En la encantadora *Epifanía* de Filadelfia, la actitud seria de los reyes es realzada mediante el gesto impulsivo del Niño Jesús y de la «figura de género», el José de edad avanzada, que se mantiene discreto en el fondo y se quita la capucha, como desconcertado ante la presencia de los extranjeros de espléndidas vestiduras. Detrás del cobertizo, dos pastores observan con timidez y curiosidad. Al parecer, en esta primera fase, El Bosco aún no estaba familiarizado con las leyes de la perspectiva; la relación espacial entre el establo y las figuras del primer plano es particularmente ambigua, a pesar de que las paredes medio desmoronadas y el techo de paja han sido pintados con una minuciosa atención al detalle. El elevado punto de fuga, la cabaña situada en diagonal y el lejano panorama paisajístico podrían remontarse a modelos de Robert Campin o a miniaturas del primer tercio del siglo XV.

En contraposición a la atmósfera íntima, casi acogedora, de la *Epifanía* de Filadelfia impresiona el *Ecce Homo* de Fráncfort (il. pág. 15), con la insólita brutalidad que caracteriza las escenas de la Pasión. Coronado de espinas y en carne viva por la flagelación, Cristo aparece junto a Poncio Pilato y su séquito, ante la enfurecida turba. El diálogo entre Pilato y la multitud aparece mediante inscripciones góticas, a manera de las leyendas que acompañan hoy en día las tiras cómicas. De la boca de Pilato salen las palabras «Ecce Homo» (He aquí el hombre). Apenas se precisa la inscripción «Crucifige eum» (Crucifícalo); la expresión de los rostros y los gestos amenazadores de los personajes transmiten en forma inequívoca el odio. La tercera inscripción «Salve nos Christe Redemptor» (Sálvanos Cristo Redentor), procedía antes de dos donantes masculinos ubicados en el ángulo inferior izquierdo; pero estos fueron repintados, posiblemente en el siglo XVII (al igual que las figuras de las donantes femeninas en la esquina inferior derecha). Como en el caso de los reyes magos de la *Epifanía* de Filadelfia, las extrañas vestiduras y tocados, incluso los turbantes pseudo-orientales,

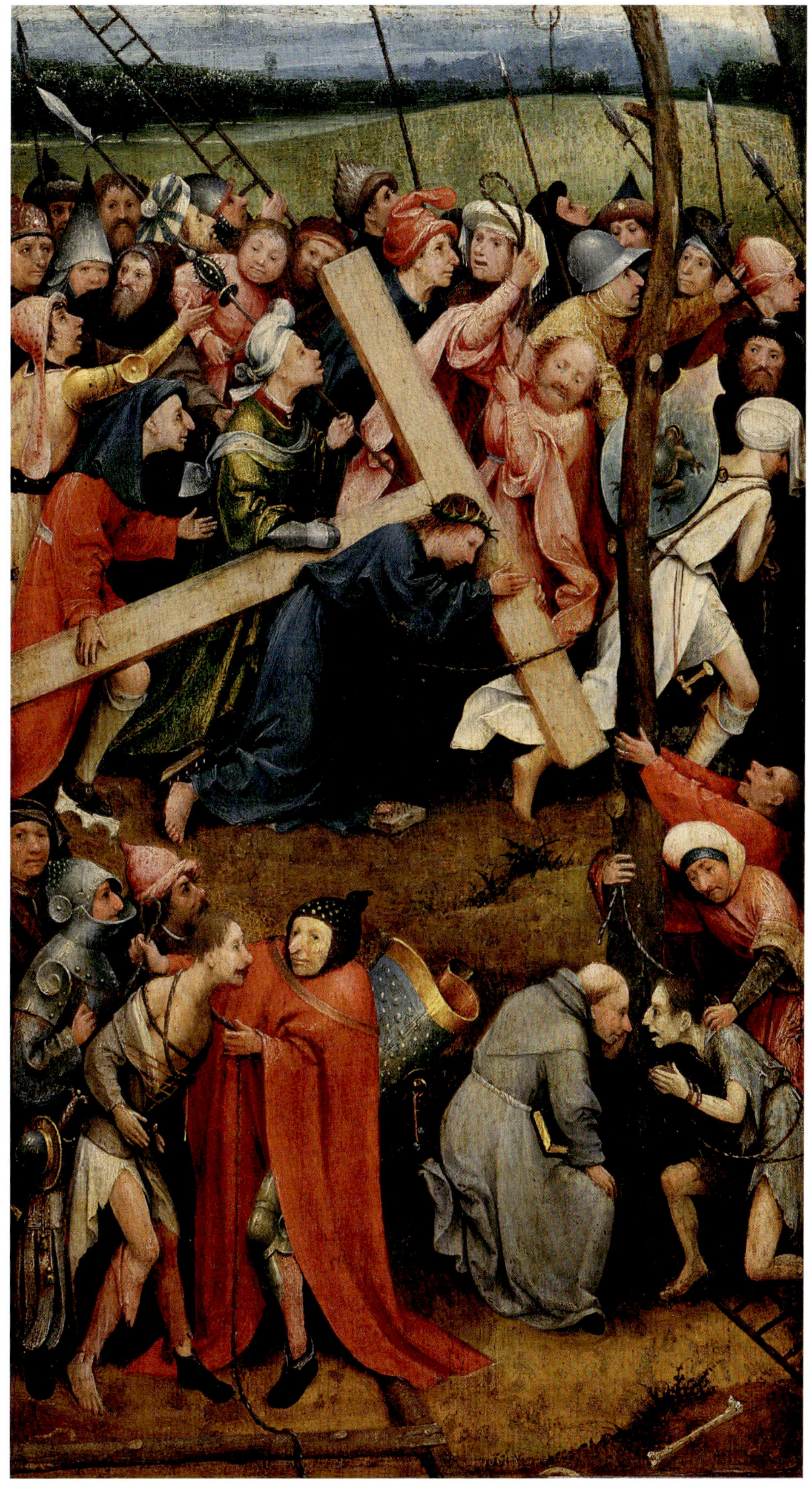

sugieren el carácter pagano de Pilato y su séquito. La perversidad y vulgaridad de la excitada turbamulta se expresa en las fisonomías desfiguradas en horribles muecas y en forma de típicas caricaturas, con las que en esa época se estigmatizaba, no en último término, a los judíos. El tenor fundamental peyorativo queda subrayado por emblemas tradicionales del mal, como la lechuza que puede verse en un nicho por encima de la cabeza de Pilato y la tortuga gigante, perteneciente a la fauna diabólica, que decora el escudo de un soldado. Al fondo aparece el estandarte turco de la media luna ondeando ante una de las torres de la ciudad. Los turcos y los seguidores del profeta Mahoma, que tenían en su poder los santos lugares de la cristiandad en el Próximo Oriente, estaban considerados por los contemporáneos de El Bosco como el paradigma de los enemigos de Cristo.

El carácter holandés de estas dos obras tempranas es totalmente inconfundible. La *Epifanía* permite reconocer una composición similar a la que empleaban frecuentemente los iluminadores de manuscritos en los Países Bajos. Las caras toscas y los gestos vivos de los atormentadores de Cristo en el *Ecce Homo* recuerdan escenas de la Pasión, que aparecen en libros iluminados holandeses del segundo y tercer cuarto del siglo XV.

Un estilo bastante similar aparece en el *Cristo con la cruz a cuestas* de Viena (il. pág. 19); esto podría decirse aunque se tratara de una copia, que recapitularía probablemente la antigua ala izquierda de un tríptico. La cabeza de Cristo destaca de un grupo denso de soldados y de individuos mal encarados que gesticulan, uno de los cuales lleva en su escudo el conocido sapo. Los sufrimientos físicos de Cristo se intensifican con las tablas de puntas, que se bambolean por delante y por detrás, desde su cintura, lacerando sus pies y pantorrillas a cada paso. Este cruel instrumento fue representado frecuentemente por los artistas holandeses hasta entrado el siglo XVI. El horizonte alto es anticuado, así como lo es la ausencia total de perspectiva en el plano central. En el primer plano, unos soldados atormentan al mal ladrón, mientras que el buen ladrón se arrodilla delante de un sacerdote. La intensidad casi desesperada de su confesión, que ha sido bien representada mediante el perfil con la boca abierta, contrasta vivamente con la respuesta pasiva del sacerdote, quien parece reprimir un bostezo. Por supuesto que la propia presencia del religioso es un anacronismo, debida tal vez a lo que El Bosco había observado en las ejecuciones de su época.

La empatía con lo humano de cada día caracteriza la obra *El prestidigitador* (il. pág. 21). El original de esta obra, que se ha perdido, pertenece a la época temprana o media de El Bosco. La pintura, que con toda probabilidad hizo un miembro de su taller y que desde el punto de vista técnico es extraordinaria (si bien se repintó más tarde en varias ocasiones) y que se encuentra en Saint-Germain-en-Laye, probablemente reproduce fielmente el original. Un juglar ha colocado su mesa ante el sombrío fondo de una pared que se está desmoronando. Su auditorio observa fascinado no —según ha aparecido en alguna ocasión en la literatura especializada— cómo hace salir un escuerzo de la boca de un hombre de edad avanzada que extiende el tronco hacia delante como una marioneta, sino cómo el truhán exhibe el antiquísimo juego de las bolitas y los cubiletes.

Una sola persona, el joven que sostiene la mano sobre el hombro de su compañera, parece notar que el compinche del charlatán le está robando la bolsa al anciano. El sapo ilustra la sentencia popular «tragarse un sapo», lo que simboliza una ingenuidad excesiva. La lechuza que puede verse en el cesto podría aludir a la seducción demoníaca, que envuelve al hombre en las redes de la ilusión y no le deja ver la verdad. La mirada hipócrita del ladrón, porque parece que mira al aire sin interesarse, y la expresión de estúpido asombro de la víctima están

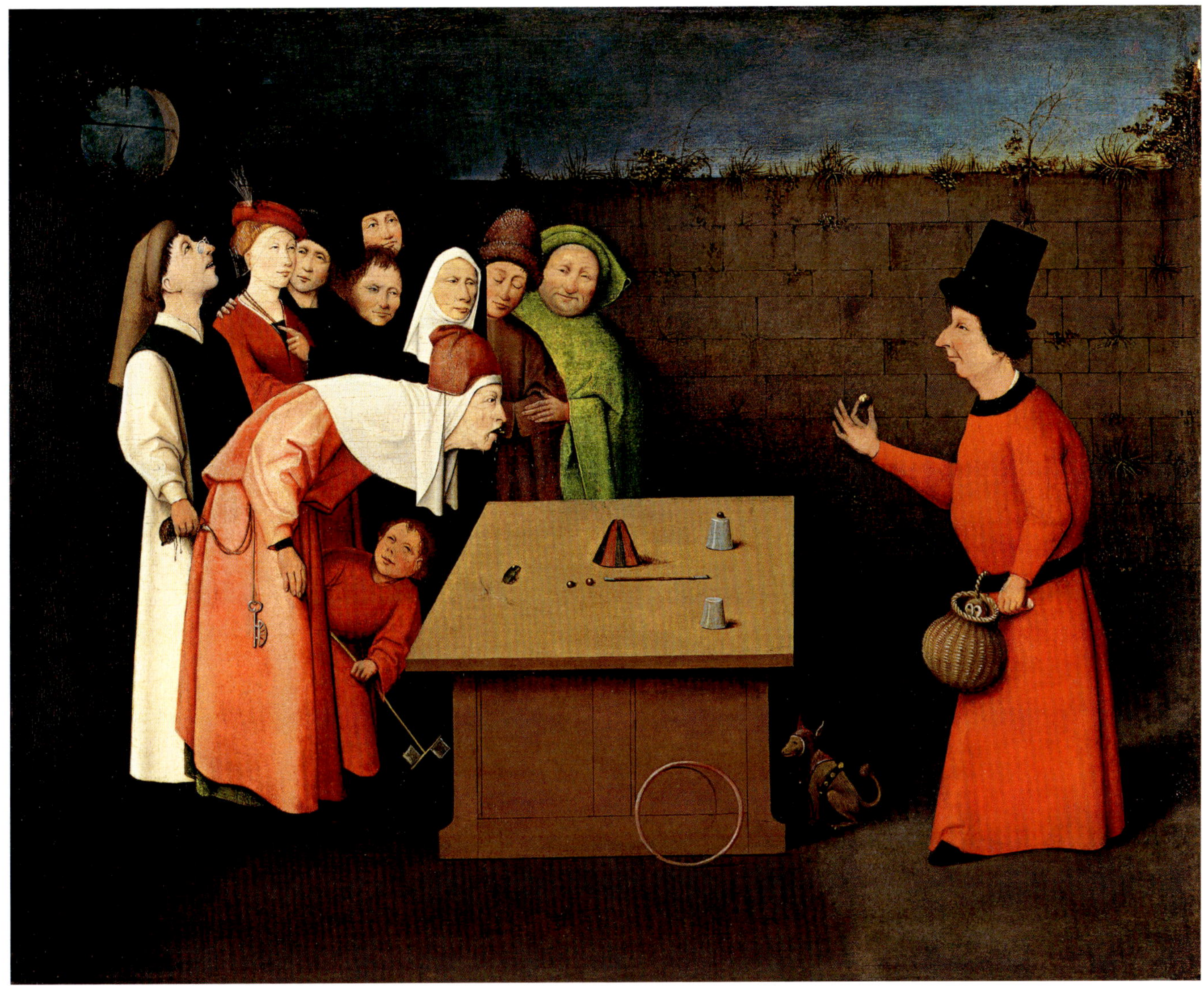

psicológicamente muy logradas, al contrastar con las reacciones divertidas de los mirones, mientras que la socarronería del tahúr está bien expresada mediante su fisonomía de nariz prominente. Como en el *Cristo con la cruz a cuestas*, El Bosco explota aquí también la expresividad del perfil humano. Resulta difícil encontrar un parangón, dentro de la pintura flamenca de la época, del humor agudo y espontáneo de este pequeño cuadro, pero se pueden encontrar semejanzas entre los iluminadores de libros.

En repetidas ocasiones, la literatura especializada ha considerado como obras tempranas de El Bosco aquellas que solo se diferencian en pocos detalles de la iconografía tradicional, mientras que las creaciones más osadas pertenecerían al parecer exclusivamente a su época tardía. Sin embargo, de acuerdo con las más recientes investigaciones, esta clasificación no es correcta.

La posición destacada de los dos ladrones en el *Cristo con la cruz a cuestas* de Viena y el anacrónico detalle de que un sacerdote escuche la confesión de uno de ellos aparentemente no tienen precedentes; pero más inusual aún es el reverso de esta tabla, en el cual se representa a un niño desnudo que empuja un andador (il. pág. 18). Es el Niño Jesús, cuyos primeros pasos vacilantes semejan claramente

Taller o sucesor de El Bosco
El prestidigitador, hacia 1502 o posterior
Óleo sobre tabla, 53 x 65 cm
Saint-Germain-en Laye, Musée Municipal

al Cristo que lucha en el anverso con su cruz, mientras que el molinete que lleva en su mano probablemente hace alusión a la cruz misma. Menos tradicional aún es *Las bodas de Canaá* (il. pág. 23), que los estudiosos antiguos situaban al final de la primera época de El Bosco, pero cuya autenticidad hoy día se rechaza de modo prácticamente unánime. Posiblemente, este cuadro que se encuentra en un estado de conservación realmente ruinoso (las esquinas superiores han sido cortadas, muchas cabezas repintadas y los dos perros del ángulo inferior izquierdo se agregaron posteriormente, quizá no antes del siglo XVIII), se trata de la obra de un cierto Gielis Panhedel (alias Van den Bossche; hacia 1490-después de 1545), un discípulo de El Bosco, que —como está demostrado— también trabajó para la Hermandad de Nuestra Señora en Hertogenbosch. Los actuales estudiosos abogan por seguir atribuyendo el plan original de la composición a El Bosco o a un copista. Por razones metodológicas resulta oportuno analizar el tema, pues según Fraenger sería justamente esta tabla la que testimoniaría que El Bosco fue un partidario críptico de una secta librepensadora. El cuadro se interpretó como un documento de la gnosis judía, de ideas cátaras-heréticas o como una alegoría alquimista; la versión más inofensiva sostiene que se trata de una representación del rito de iniciación en la Hermandad de Nuestra Señora.

Las bodas se celebran en un interior profusamente decorado. El milagro de la transformación del agua en vino tiene lugar en la esquina inferior derecha de la escena. Los invitados aparecen sentados en torno a una mesa en forma de L, cuyo lado derecho está dominado por la figura de Cristo flanqueado por dos invitados masculinos vestidos con traje de época. En el centro, junto a la Virgen María, ha tomado asiento la pareja de novios, vestidos con trajes «bíblicos»; esta circunstancia ha llevado a numerosos intérpretes a ver en el novio al evangelista Juan, a quien —según leyendas medievales— Jesús habría dicho al final de las bodas: «Deja a esta mujer (según la leyenda, la novia sería idéntica con María Magdalena) y sígueme. Te llevaré a unas bodas más sublimes». Puesto que en la exégesis cristiana a Juan se le considera «esposo» de la Ecclesia, de la Iglesia, y que el milagro de las bodas de Canaá es una anticipación de la transubstanciación eucarística, este tema podría asociarse con el sacramento de la Eucaristía.

Pero, ¿qué hace en este contexto el hechizo que parece haber entrado en la sala de las bodas? Dos siervos llevan dos grandes fuentes con una cabeza de cerdo y un cisne que echan fuego por la boca. El cisne, un viejo emblema de Venus, significaba impudicia, según muchos autores. Actualmente, se tiende a interpretar los animales de un modo menos profundo: se trataría más bien de alimentos de lujo de la época. Lo mismo puede decirse de los objetos que puede verse en el bufé del fondo: tiene más sentido verlos como «objetos de exhibición» que interpretarlos como símbolos «demoníacos».

Especial dificultad de interpretación presenta el «niño enigmático», la figura de espaldas que parece brindar con una copa en la mano, en honor de la pareja de novios. En el contexto de las fiestas tardo-medievales, podría tratarse sencillamente de un enano, que actuaban frecuentemente en tales banquetes. Hay pruebas de que en tiempos de El Bosco pertenecían a la Hermandad de la Virgen dos enanos, circunstancia que podría corroborar que el pintor de la tabla tematizó un banquete de la Hermandad. Sea como fuere, *Las bodas de Canaá* revela sin tapujos las enormes dificultades que plantea el estudío de las obras de El Bosco.

Gielis Panhedel (Van den Bossche)
o copista posterior a El Bosco
Las bodas de Canaá, después de 1540 (?)
o hacia 1560, o bien posterior
Óleo sobre tabla, 93 x 72 cm
Róterdam, Museo Boijmans Van Beuningen

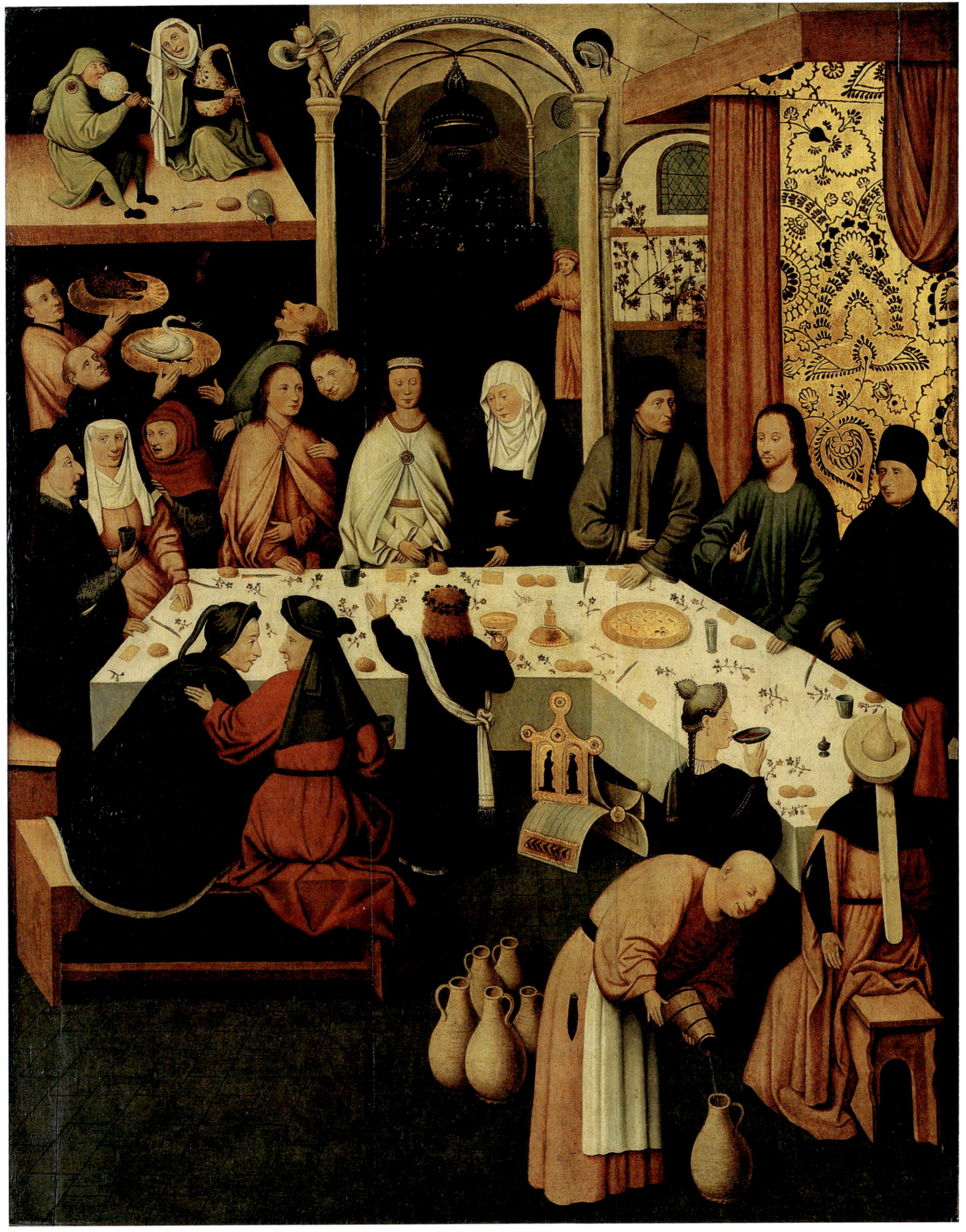

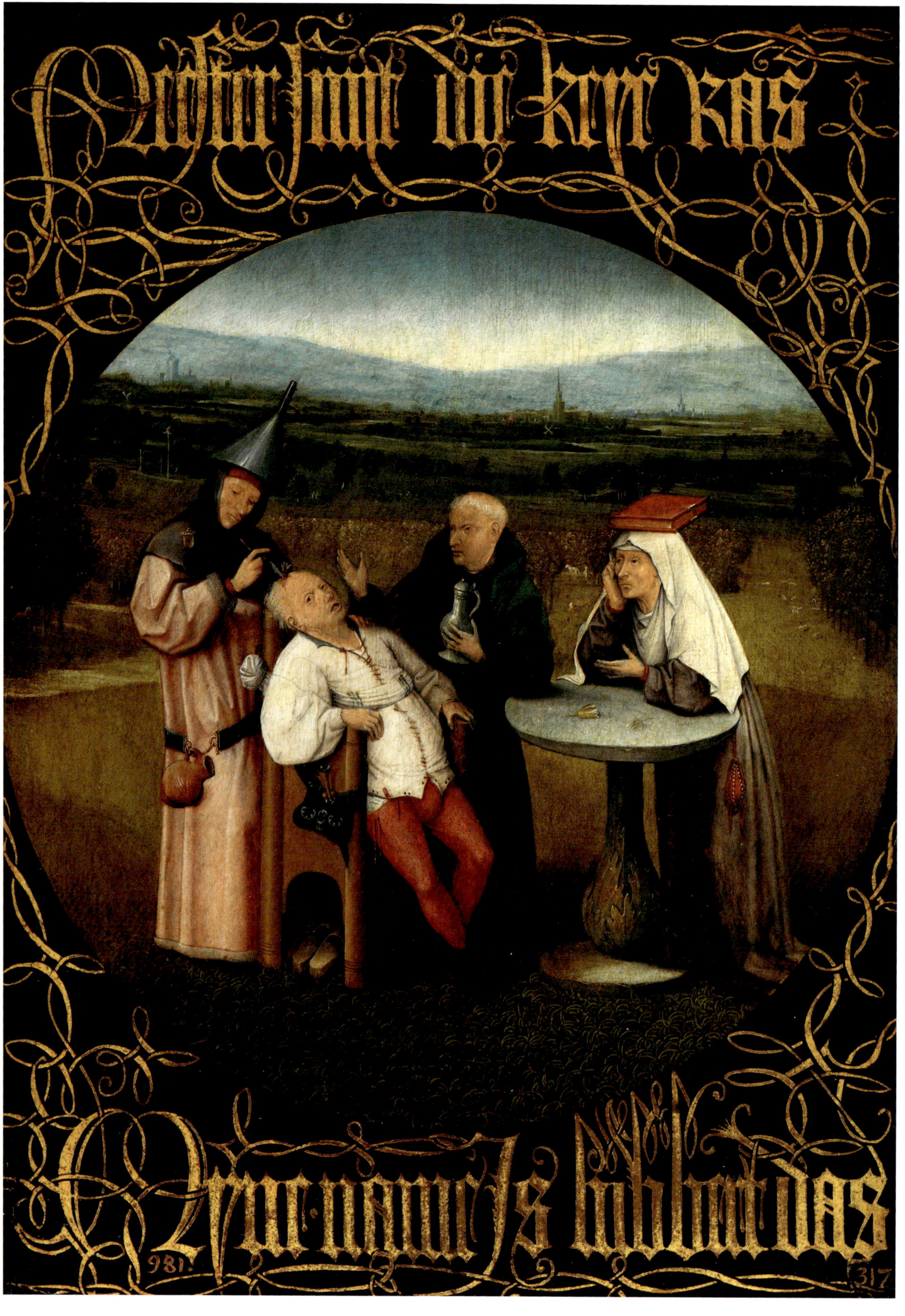
Meester snijt die keye ras
Myne name is lubbert das

El espejo del hombre

En su *Discurso sobre la dignidad del hombre*, de alrededor de 1486, el joven humanista florentino Pico della Mirandola celebró la excelencia del género humano en la creación divina: el hombre es la única criatura que posee libre albedrío y el poder de determinar su naturaleza y destino; solo él, mediante el ejercicio adecuado de esta voluntad, puede alcanzar el estado angélico. Unos ocho años después, Sebastián Brant publicó la primera edición de *La nave de los locos*, una serie de pareados que satiriza los defectos y las flaquezas de la humanidad. Brant se lamenta: «Todo el mundo vive en la oscuridad de la noche, persistiendo a ciegas en la perversidad, mientras que cada calle atestigua la existencia de estos necios». La diferencia entre las dos concepciones es solo aparente: Pico refleja la fe optimista del Renacimiento italiano en relación con el potencial del hombre. Si bien Brant parece encontrarse todavía más a la sombra de la Edad Media, también Pico y el humanismo renacentista reconocieron que el hombre gravado por el pecado original de Adán y Eva ha de luchar continuamente contra sus malas inclinaciones. Debe temer que siempre le será más fácil caer en el mundo animal que ascender a la esfera celestial.

La *Mesa de los siete pecados capitales y las cuatro postrimerías* (il. pág. 27), que se conserva actualmente en el Museo del Prado y que fue donada originalmente en 1574 por Felipe II al Escorial, ofrece una explicación detallada de las posibilidades de salvación y de la culpa existencial de la humanidad. Las imágenes de los siete pecados capitales están distribuidos radialmente en un círculo que simboliza el ojo de Dios; en la pupila, Cristo se alza del sepulcro y muestra los estigmas. Alrededor de la pupila se encuentra la frase «Cave, cave deus videt» —«Cuidado, cuidado: Dios ve»—; y lo que Dios ve está reflejado justamente en el círculo exterior de su ojo. El nombre de cada pecado aparece escrito en latín con claridad en el extremo inferior, pero las inscripciones son aquí totalmente superfluas: resulta inequívoco, por ejemplo, que los personajes que consumen vorazmente todo lo que lleva a la mesa el ama de casa, representan el pecado de la gula, o que el caballero bien alimentado, que dormita junto al fuego, personifica la pereza; en este caso, la mujer que entra al cuarto desde la izquierda, enseñando un rosario en tono de reproche, indica el abandono de las obligaciones espirituales. La lujuria es representada mediante dos parejas de amantes dentro de una tienda; y en el pecado de la soberbia, una dama vanidosa admira su sombrero nuevo, sin darse cuenta de que quien le sostiene el espejo es un demonio

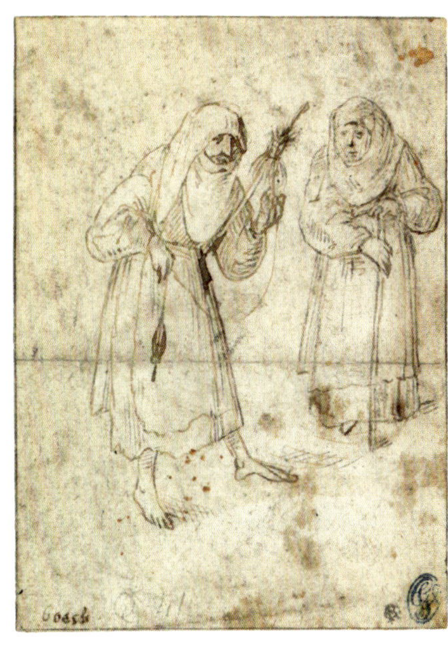

Dos hechiceras
Pluma y bistre, 12 x 8,5 cm
Róterdam, Museo Boijmans Van Beuningen

La extracción de la piedra, hacia 1505-1515
Óleo sobre tabla, 48 x 35 cm
Madrid, Museo del Prado

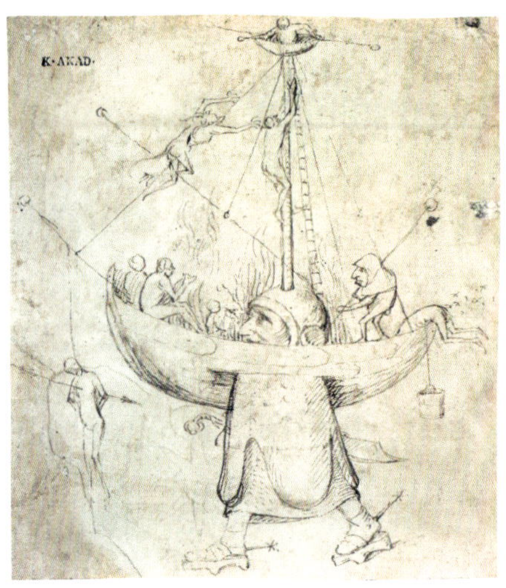

Taller
Gnomo con un barco alrededor del cuello
Pluma y bistre, 17,6 x 15,3 cm
Viena, Akademie der bildenden Künste,
Kupferstichkabinett

de bonete extravagante. Escenas de un género similar ilustran la ira (dos hombres peleando frente a una taberna), la avaricia (un juez que acepta sobornos) y la envidia (un pretendiente rechazado que mira celosamente a su rival). En su mayoría, estos pequeños dramas están ambientados en la campiña holandesa, o dentro de interiores bien construidos.

Las figuras corpulentas, de poca estatura y en ocasiones algo desmañadas, no se parecen en general a las que solemos encontrar en las obras de El Bosco; son igualmente poco frecuentes las superficies definidas, los contornos oscuros y los colores brillantes y planos, entre los que predominan el verde y el ocre; por ello se ha pensado que este cuadro podría ser una obra de su taller. Sin embargo, actualmente se ha invertido la tendencia, con lo que suele figurar en los catálogos entre las primeras obras realizadas por propia mano del artista, máxime cuando algunos detalles son de alta calidad pictórica, como la escena de la avaricia y algunas figuras que representan la envidia.

La disposición circular de los siete pecados capitales corresponde a un esquema tradicional. Según piensan numerosos autores, esta disposición en forma de rueda probablemente aluda a la propagación del pecado por el mundo; pero el tema adquirió una riqueza inconmensurable, cuando El Bosco transformó el diseño circular en el «ojo de Dios», que refleja lo que ve. Ahora bien, también aquí había precedentes: en la literatura medieval se compara frecuentemente a la divinidad con un espejo.

Las cartelas que se despliegan por encima y por debajo de la imagen central de la Mesa del Museo del Prado enuncian que quienes abandonaron a Dios tienen razones suficientes para temer su mirada. La superior señala: «Porque esa gente ha perdido el juicio y carece de inteligencia. Si fueran sensatos entenderían estas cosas, comprenderían la suerte que les espera». En la cartela interior se lee: «Les ocultaré mi rostro, para ver en qué terminan» (Deuteronomio 32: 28-29, 20). Y en qué terminan se expone sin margen de duda en los cuatro ángulos de la tabla: aquí aparecen, en cuatro círculos más pequeños, la Muerte, el Juicio Final, el Cielo y el Infierno, las cuatro postrimerías de todos los hombres, según El Bosco y sus coetáneos.

Al reflejar los siete pecados capitales, el ojo de Dios actúa como un espejo, que enfrenta al espectador con su propia alma desfigurada por el vicio. No obstante, al mismo tiempo, contempla el remedio contra esta desfiguración: la imagen de Jesucristo, ubicada en el centro del ojo de Dios. Es de suponer que la Mesa se empleara como punto de apoyo para la meditación, en especial para aquel profundo examen de conciencia que debe efectuar todo buen cristiano antes de confesarse.

El marco de los siete pecados capitales, en la representación de El Bosco, comprende todos los seres y todos los estamentos; no obstante, la representación de la avaricia se dirige a un estamento determinado. El avaro aparece como juez injusto; parece que los jueces están especialmente predispuestos para este vicio. Esta crítica de determinados estamentos y clases sociales aparece asimismo en otros cuadros de El Bosco. Por ejemplo, reprende a los charlatanes, a los curanderos y a sus víctimas imprudentes, así como a monjes y religiosas de vida libertina y al rico que está más preocupado por su propiedad que por su alma, temas que se repiten en muchos sermones y escritos satíricos de la época.

En esta «familia» de necedades se inscribe también la credulidad humana, que es el tema de *La extracción de la piedra* (il. pág. 24), asimismo en el Prado. Considerado antiguamente como una obra de juventud de El Bosco y más tarde como perteneciente a su periodo medio de actividad, hacia 1490, hoy en día se dispone de buenas razones para considerarlo como una copia muy fiel realizada

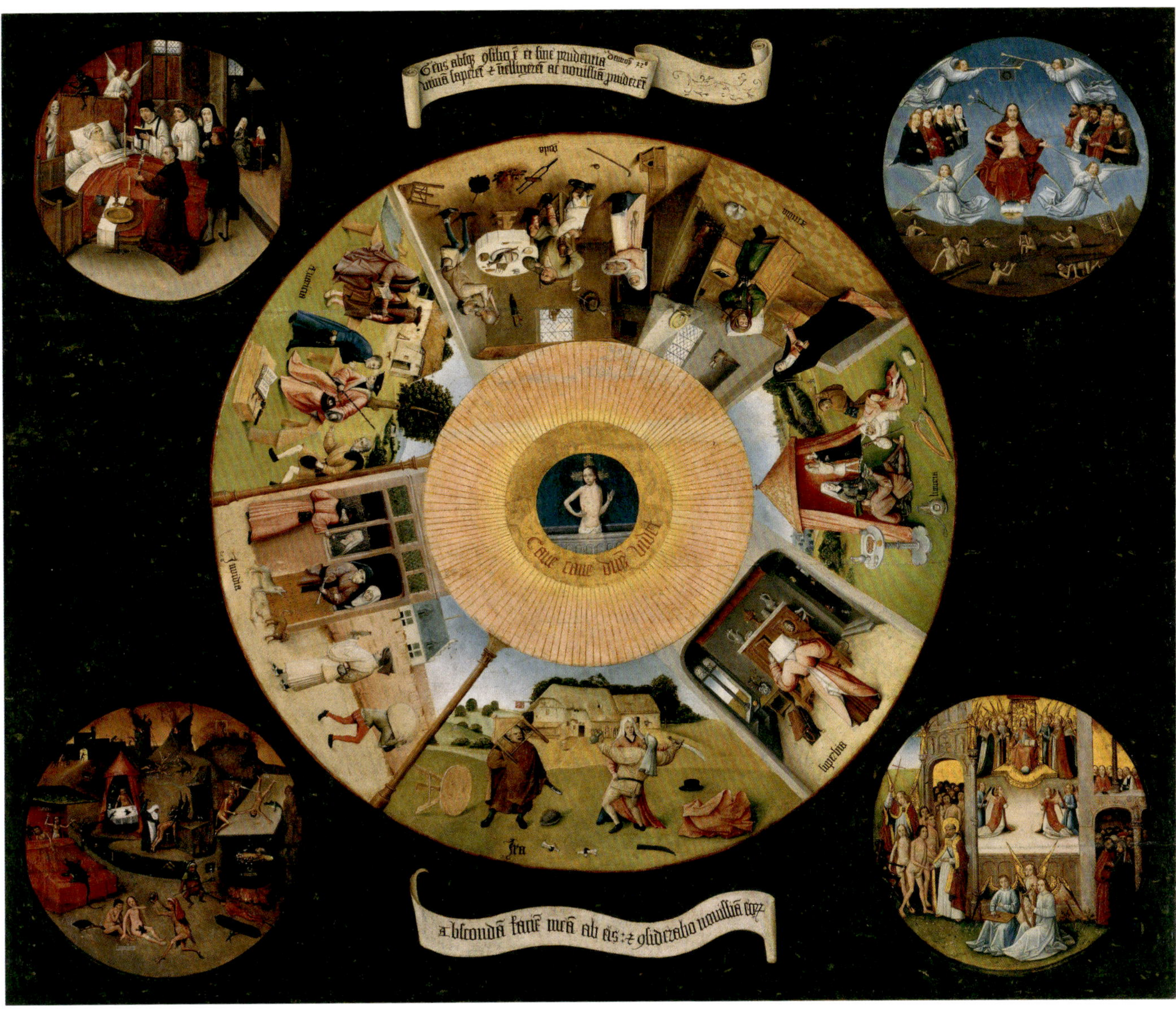

entre los años 1505 y 1515. En medio de un frondoso paisaje veraniego, un cirujano extrae un objeto de la cabeza de un individuo que está atado a una silla, mientras que un monje y una monja lo observan. La operación al aire libre, cuya forma circular nos sugiere una vez más un espejo, está emplazada dentro de un entramado de elaborada decoración caligráfica, que contiene la inscripción: «Maestro, quíteme la piedra, me llamo Lubbert Das».

En tiempos de El Bosco, la extracción de la piedra era un ejemplo de curanderismo, mediante el cual, supuestamente, se curaba al paciente de su estupidez, al retirar de su frente la piedra de la necedad. Afortunadamente, esta operación no se llevaba a cabo de hecho, sino solamente a manera de simulacro, pues ningún paciente la habría sobrevivido. La literatura neerlandesa sobre este tema emplea el nombre «Lubbert» con frecuencia para designar a las personas con un alto grado de estupidez. Hasta bien entrado el siglo XVII, algunos pintores y calcógrafos holandeses representaron tales operaciones, incluyendo —a finales del siglo XVI— al famoso Pieter Brueghel el Viejo. Sin embargo, en ninguna de ellas encontramos el embudo sobre la cabeza del cirujano —quizá una alusión a la

Mesa de los siete pecados capitales y las cuatro postrimerías, hacia 1485 o posterior, 1500-1525 (Mesa)
Óleo sobre tabla, 120 x 150 cm
Madrid, Museo del Prado

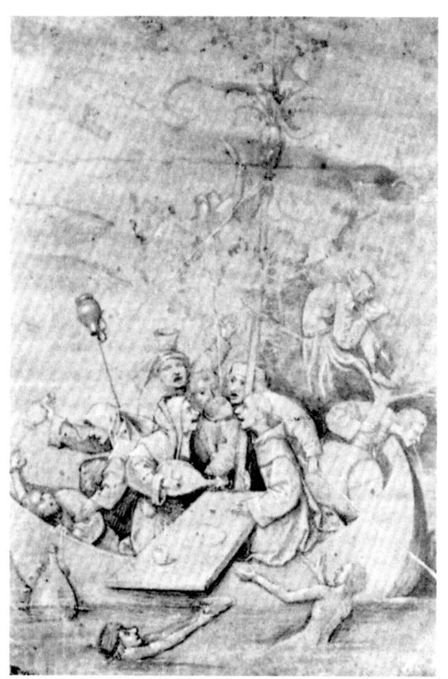

Sucesor de El Bosco
La nave de los locos
Estudio para la pintura que se
encuentra en el Louvre
Grisalla, 25,7 x 16,9 cm
París, Museo del Louvre,
Gabinete de Dibujo

La nave de los locos, hacia 1494 o posterior
Óleo sobre tabla, 57,9 x 32,6 cm
París, Museo del Louvre

intención de engaño—, ni el libro sobre la cabeza de la monja —que eventualmente significaba una «enciclopedia» para charlatanes—, tal como sucede en el cuadro de Madrid. La presencia del monje y de la monja (¿se trata realmente de religiosos, o son más bien ayudantes disfrazados?) no está esclarecida; en cualquier caso, su evidente connivencia con los estafadores no les hace aparecer precisamente de modo positivo. Llama también la atención que el cirujano extrae de la cabeza de Lubbert no una piedra, sino una flor; otra flor de la misma especie está colocada sobre la mesa de la derecha: las publicaciones sobre El Bosco están llenas de innumerables y controvertidas hipótesis sobre su interpretación.

Una condena más fuerte y agresiva de los religiosos se puede observar en la representación de *La nave de los locos*, que se conserva en París, una obra que los antiguos especialistas consideraban como perteneciente a la etapa temprana o intermedia de El Bosco (il. pág. 29). La tabla, fuertemente restaurada y quebrada en la parte superior, presenta a un monje y dos religiosas o beguinas (como se denominaba a las mujeres que vivían en una comunidad similar a un convento, pero sin votos) en un bote, en plena francachela con un grupo de campesinos. El bote, de extraña construcción, lleva un árbol mástil, al mismo tiempo que tiene una rama partida como timón. Un bufón está sentado sobre la jarcia de la derecha.

No puede negarse que el contenido de esta imagen se refiere a la colección de versos de Sebastián Brant, *La nave de los locos*, un *beststeller* del que se publicaron seis ediciones y numerosas traducciones todavía en vida del autor. Es posible que El Bosco lo conociera; también es posible que encontrara fuentes iconográficas en otros lugares, puesto que la nave era una de las metáforas predilectas durante la Edad Media. Por ejemplo, estaba muy extendida, en la literatura y las artes plásticas, la imagen de la nave de la Iglesia, tripulada por prelados y sacerdotes, que lleva su carga de almas cristianas al puerto seguro del Cielo. En el *Peregrinaje de la vida humana* de Guillaume de Deguileville, la nave de la religión lleva un mástil que simboliza el crucifijo y contiene castillos que representan las diversas órdenes monásticas.

En 1486, se publicó en Haarlem una traducción holandesa de esta famosa obra; es posible que El Bosco conociera la obra de Deguileville y que la parodiara con su cuadro. El flameante estandarte de color rosa lleva la media luna en lugar de una cruz —en El Bosco, la media luna no siempre tiene un significado negativo; sin embargo, aquí probablemente aluda al símbolo turco y, por tanto, según la ideología cristiana, a un elemento demoníaco—; en el tope del mástil vemos una lechuza oculta en el follaje. Tres representantes de la vida monástica han abandonado sus disciplinas espirituales para darse al libertinaje mundano. El monje y una de las religiosas cantan con fuerza, esta última acompañándose con el laúd; se asemejan a las parejas de enamorados que se representaban en el medioevo en los jardines del amor, en las que la interpretación conjunta de una pieza musical supone el preludio del galanteo. La alusión al pecado de la lujuria se ve reforzada por otros detalles tomados del jardín del amor tradicional: el plato con cerezas y la jarra metálica de vino suspendida a un lado del bote son elementos que aparecen también simbolizando la lascivia en la Mesa del Museo del Prado.

La gula domina la representación no solo del campesino que está cortando el ganso asado, atado al mástil, sino también del individuo de la derecha, que vomita a un lado del bote, y la del hombre con el cucharón gigante. Junto al bote aparecen dos nadadores desnudos, uno de los cuales sostiene una copa vacía de vino. Según algunos expertos, el mástil en forma de árbol quizá haga referencia

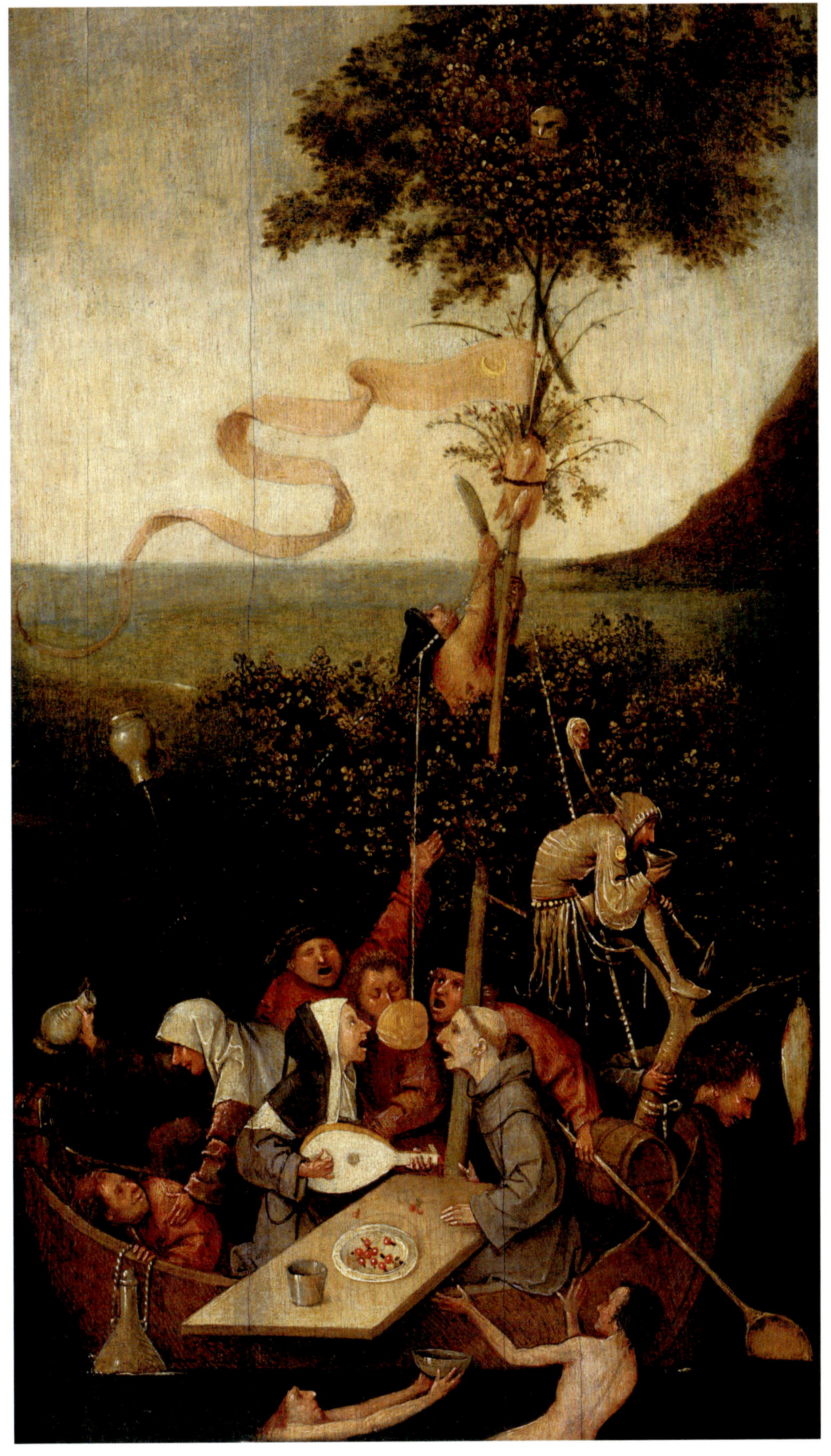

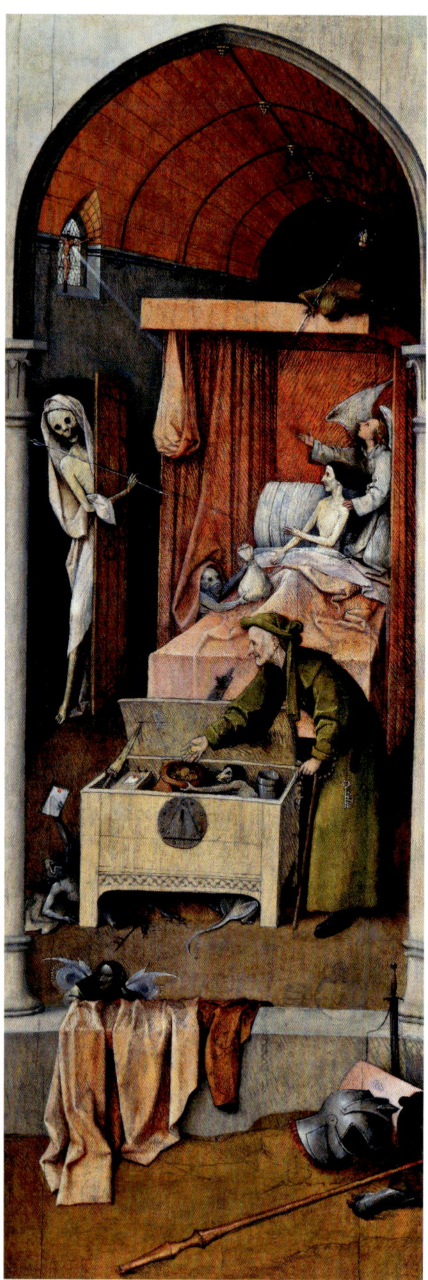

La muerte del avaro, hacia 1500 o posterior
Óleo sobre tabla, 92,6 x 30,8 cm
Washington D. C., National Gallery of Art

al palo adornado para el árbol de mayo, típico de las fiestas de primavera, época generalmente licenciosa, tanto para el pueblo llano como para el clero.

Por último, la figura que está bebiendo ávidamente sobre las jarcias sugiere la naturaleza licenciosa de lo que sucede en la barca. Durante muchos siglos, el bufón de la corte había tenido la libertad de satirizar las costumbres de la sociedad, y en esa calidad aparece en los grabados y en las pinturas a partir de mediados del siglo XV. Se le distingue por la caperuza adornada con orejas de asno y por un cetro que termina en una pequeña réplica de sus propios rasgos, sonriendo de modo huero. Frecuentemente se mueve de forma traviesa entre juerguistas y amantes, como en la escena de la lujuria de la Mesa del Museo del Prado.

Entre el pueblo, la lujuria y la gula estaban consideradas como los vicios característicos de los monasterios; durante el siglo XV, estas y otras acusaciones se hicieron cada vez más frecuentemente sobre diversas órdenes religiosas, en particular las órdenes mendicantes. Fue un periodo en el que se fundaron numerosas nuevas casas monásticas, algunas de las cuales se mantenían fabricando tejidos y otras artesanías. Es difícil de precisar si, a pesar de diversas reformas monásticas, realmente reinaba un mayor libertinaje que en tiempos anteriores; pero no cabe duda de que su, frecuentemente, considerable riqueza y la competencia con los gremios de artesanos los hicieron entrar en conflicto con las autoridades seculares. Hay que tener en cuenta estas tensiones si se quiere observar y evaluar desde un ángulo acorde con su tiempo la crítica de El Bosco contra la inmoralidad de monjes y monjas, que llevará a cabo con especial vehemencia en su pintura *El carro de heno*.

La relación íntima entre la gula y la lujuria, dentro del sistema moral del medioevo, es también el objeto de un fragmento que se encuentra actualmente en posesión de la Universidad de Yale y que constituía la parte inferior de *La nave de los locos* y se cortó posteriormente. Aquí, sin embargo, esos pecados no guardan una relación específica con la vida monástica, sino que se presentan como *Alegoría de la lujuria y la gula* (il. pág. 31). La gula está personificada por los nadadores que se reúnen alrededor de un gran barril de vino, sobre el que está sentado a horcajadas un campesino barrigudo, mientras que otro nada cerca de la orilla con un pastel de carne sobre la cabeza. A la derecha, y sobre la orilla, se ve a una pareja de enamorados dentro de una tienda. Como no podría suceder de otro modo, están bebiendo vino: «*Sine Cere et Libero friget Venus*» (Sin Ceres y Baco se congela Venus); este aforismo del autor romano Terencio estaba bastante extendido durante la Edad Media y los moralizadores nunca se cansaban de repetir a sus audiencias que la gula y la embriaguez conducen a la lujuria.

El tema de *La muerte del avaro* (il. pág. 30) no es en absoluto tan inequívoco como sugiere el título que se introdujo posteriormente. Ciertamente, el viejo enjuto que introduce piezas de oro en el cofre del demonio, al pie de la cama, mientras que sostiene en la otra mano un rosario bastante distraídamente, simboliza el tipo del avaro por excelencia. Sin embargo, el moribundo que yace en una alcoba angosta y elevada, cuya distribución compositiva recuerda las miniaturas del siglo XV, y que parece notablemente más joven que el hombre del plano medio, ¿es realmente la misma persona? Es decir, ¿se trata de un doble simultáneo del avaro, o es más bien otra persona, indecisa en la elección entre el crucifijo y el saco de dinero, entre el cielo (ángel de la guardia) y el infierno (demonio), al ver el esqueleto armado con una flecha? ¿Qué significa la naturaleza muerta del primer plano; caracteriza al moribundo como caballero? Tras este tema probablemente se encuentre, como fuente de inspiración, una obra devocional muy extendida en el siglo XV, el *Ars moriendi* (es decir, «El arte de morir»), que se

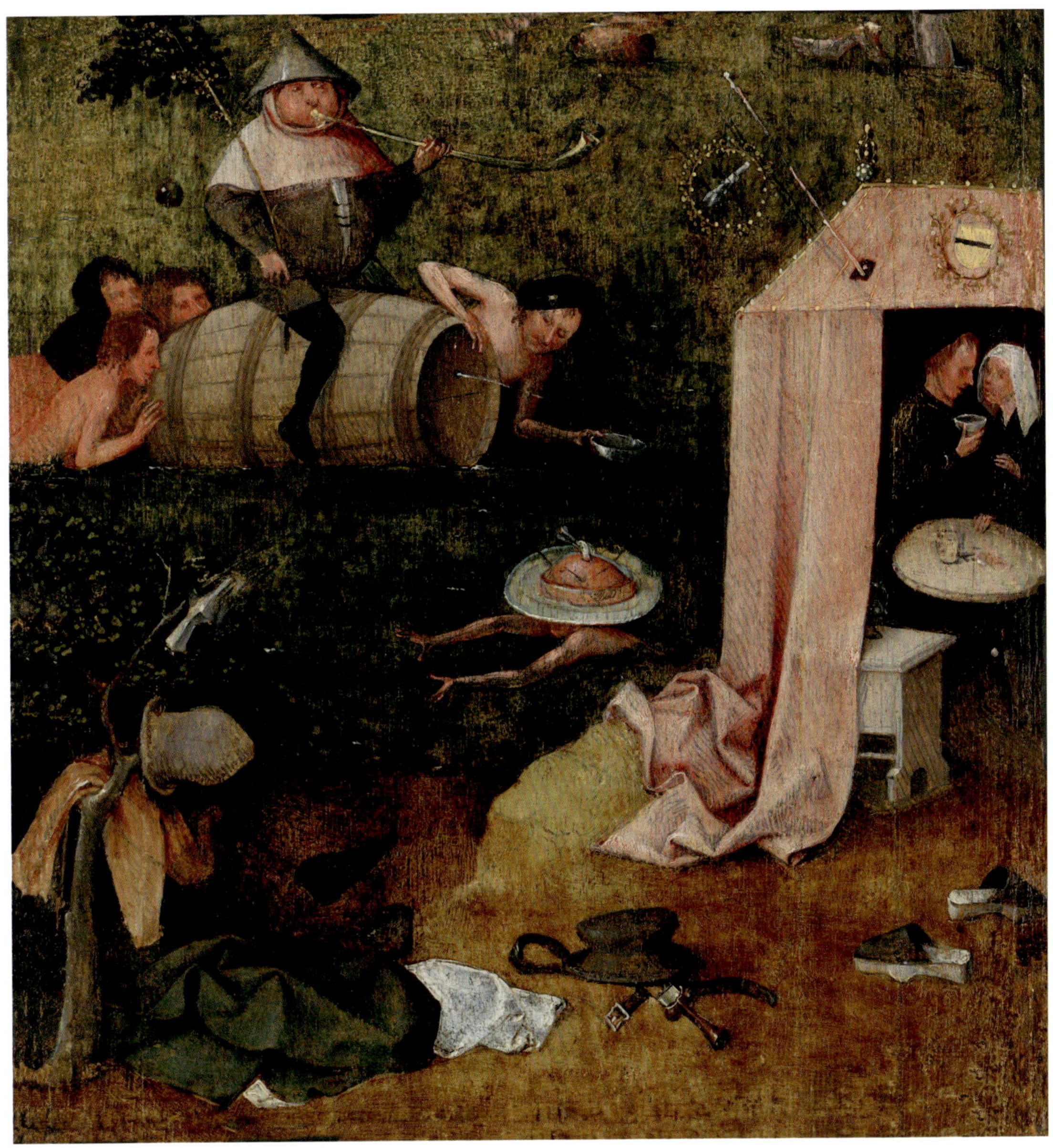

imprimió en múltiples ocasiones en Alemania y en los Países Bajos. Este pequeño manual describe cómo los demonios situados alrededor de la cama de un
moribundo se acercan con sus tentaciones, uno tras otro, y cómo cada vez
un ángel le consuela y reconforta en su agonía final. En el libro, al final triunfa
el ángel y conduce el alma al Cielo, mientras que los demonios se lamentan
emitiendo gritos desesperados.

Posiblemente, esta tabla rectangular, así como *La nave de los locos* (con una
tabla central perdida) formaban parte de un tríptico, que presentaba a la vista los
siete pecados capitales.

Alegoría de la lujuria y la gula,
hacia 1500 o posterior
Óleo sobre tabla, 35,8 x 32 cm (parte inferior
cortada de *La nave de los locos*, il. pág. 29)
New Haven, Yale University Art Gallery,
The Rabinowitz Collection, obsequio de
Hanna D. y Louis M. Rabinowitz

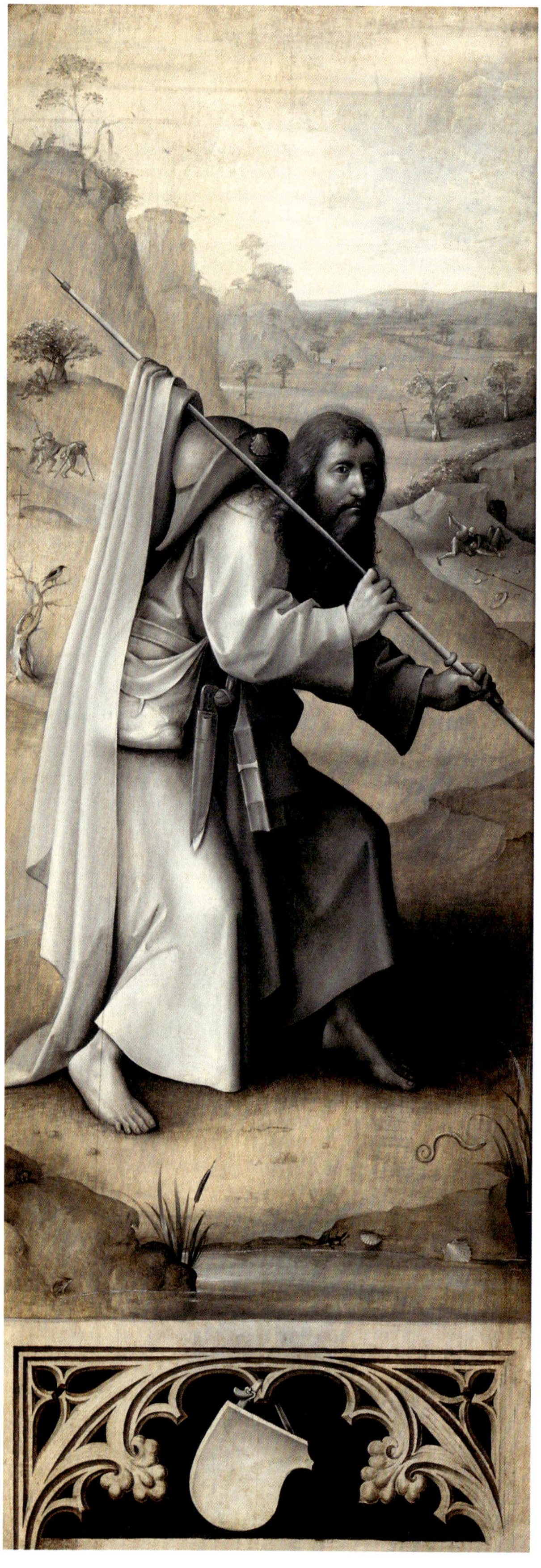

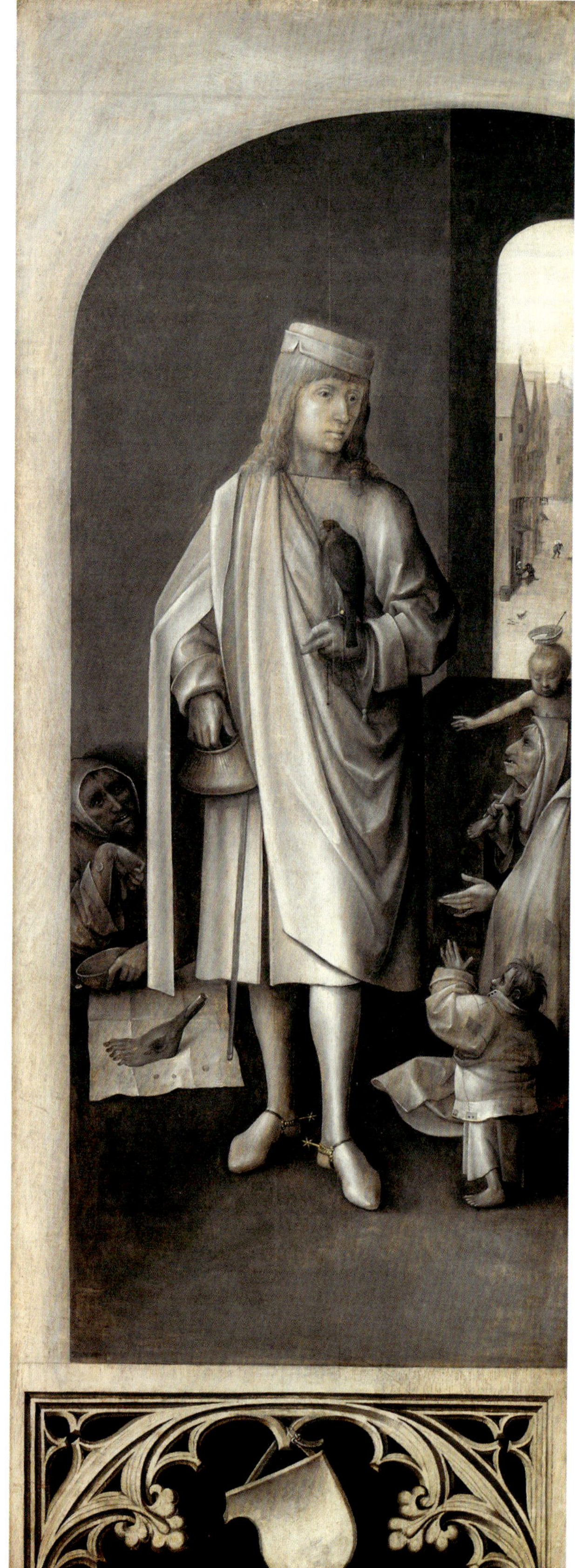

El Juicio Final

Si bien el pecado y la insensatez ocupan un lugar muy destacado en el arte de El Bosco, su significado solamente puede ser apreciado en su totalidad dentro del contexto de un tema medieval más amplio, el Juicio Final. El día del juicio marca el acto final de la turbulenta y extensa historia de la humanidad, que comenzó con el pecado de Adán y Eva y su expulsión del paraíso terrenal. Es el día en que los muertos se levantarán de sus tumbas y en el cual vendrá Cristo por segunda vez, para juzgar a todos los seres y recompensar a cada uno de acuerdo con sus méritos. Como Jesucristo mismo predijo (Mateo 24, 34 y 41), los elegidos gozarán de la eterna bienaventuranza, reservada desde la creación del mundo, mientras que los malditos serán condenados al fuego eterno, preparado para el diablo y sus ángeles. Será el final del tiempo y el comienzo de la eternidad.

La preparación para el Juicio Final era una de las principales preocupaciones de la iglesia medieval. Enseñaba a los creyentes qué tipo de conducta les permitiría confiar en que serían incluidos entre los bienaventurados; advertía a los pecadores y tibios sobre el terrible castigo que les aguardaba, si no hacían penitencia. De este modo, los interminables tormentos de los condenados se describían con detalles espeluznantes, en incontables libros y sermones, mientras que las meditaciones sobre el Juicio Final y el Infierno desempeñaban un papel central en las diversas meditaciones espirituales.

Si bien la literatura especializada del siglo XX generalizó demasiado el temor de las gentes de la Edad Media tardía ante un inmediato Juicio Final, por otro lado consta que no pocas voces se alzaron para pronosticar una catástrofe de dichas magnitudes. De ellas formaba parte, por ejemplo, el ya mencionado Sebastián Brant: estaba convencido de que los pecados del género humano se habían multiplicado últimamente en tal medida que, con toda seguridad, el Juicio Final no tardaría en llegar. Otros escritores representaban el mundo en el umbral de la última era, en la cual se cumplirían las profecías del Apocalipsis. Plagas, diluvios y otros desastres naturales se consideraban como manifestaciones de la ira de Dios, y en los acontecimientos políticos diarios se buscaban temerosamente signos para identificar al último emperador y al Anticristo.

Sin embargo, en ningún otro lugar se dio una expresión tan vívida de este temor al tiempo final, propio de la transición entre la Edad Media y el Renacimiento, como en el imponente tríptico de El Bosco *El Juicio Final* (il. págs. 36-37), actualmente en Viena, que los estudiosos aceptan —en su mayoría, si bien no unánimemente— como obra auténtica del pintor holandés (en favor de ello se puede mencionar la calidad técnica de los borradores y de las partes no

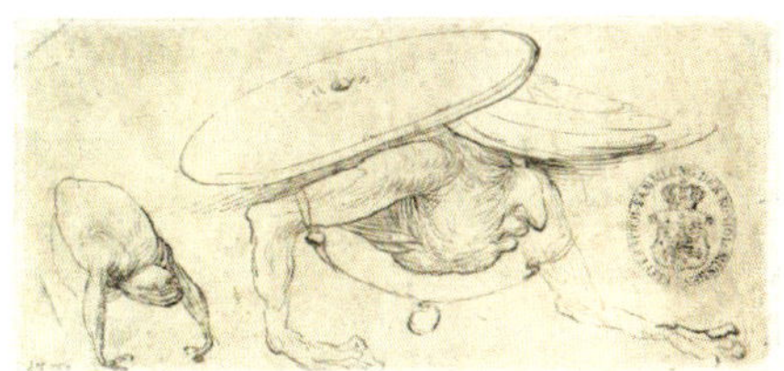

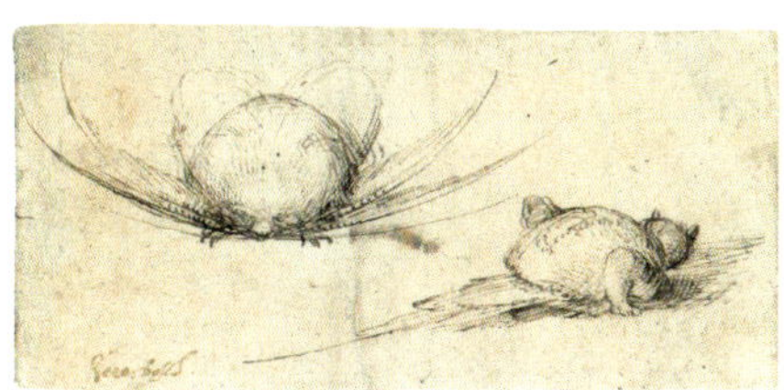

Estudios para unos monstruos
Pluma, 8,6 x 18,2 cm (cada estudio)
Berlín, Staatliche Museen SMPK,
Gabinete de Calcografías

Postigos exteriores izquierdo y
derecho de *El Juicio Final*
Grisalla sobre tabla, 167 x 60 cm
Viena, Akademie der bildenden Künste

Santiago de Compostela y ***San Bavón de Gante***

desfiguradas por injerencias posteriores). En los lados exteriores de las alas aparecen, en grisalla, el apóstol Santiago y San Bavón (il. pág. 32). A pesar del paisaje tenebroso y amenazador por el que se mueve Santiago, ni él ni su compañero nos preparan para las escenas apocalípticas que se desarrollan en el interior del retablo. Aparecen aquí, en los tres paneles interiores y de un modo relativamente canónico, el Principio y las Postrimerías, partiendo de la caída del hombre en el ala izquierda. La historia que se relata en el segundo y tercer capítulo del Génesis ha sido situada en un exuberante jardín, el Edén; en el primer plano vemos la creación de Eva, seguida por la tentación de la primera pareja. En un segundo plano, nuestros primeros padres son expulsados del jardín por un ángel. Su pecado original se corresponde, en el cielo, con la caída de los ángeles rebeldes, que en su caída hacia la tierra se convierten en demonios. Si bien el Génesis no menciona la rebelión del orgulloso Lucifer y de sus seguidores, aparece en muchas leyendas judaicas y, desde muy temprano, formó parte de la doctrina cristiana. Lucifer, el príncipe de los ángeles pecadores, induce a Adán para que también cometa pecado, pues el diablo era consciente de que los descendientes de Adán y Eva ocuparían en el futuro los lugares que habían tenido que abandonar los ángeles caídos. El Bosco, en la tabla izquierda del tríptico, representó la entrada del pecado en el mundo y justificó la necesidad del Juicio Final.

Esta obra se distingue de la mayoría de las representaciones coetáneas del drama escatológico —por ejemplo la que Rogier van der Weyden pintó entre 1443 y 1451 y que se encuentra en el Hôtel Dieu de Beaune—, que centran su interés principal en la escena del juicio en sí —en el cielo— y representan con la misma profusión de detalles la felicidad de los bienaventurados y los tormentos de los condenados. El Bosco representa el juicio divino en pequeño tamaño y en un lugar marginal, en el extremo superior de la tabla central, manteniendo muy reducido el número de las almas elegidas; la mayor parte de la humanidad es engullida por el cataclismo universal, que arde furiosamente a lo largo del paisaje oscuro y lóbrego del fondo.

Esta inmensa y horrible pesadilla representa a la Tierra en su agonía final; su aniquilación no se produce por las aguas que imaginaron Durero y Leonardo, sino por el fuego, según un himno del siglo XIII, el «Dies irae»: «Día de la ira, día en que el mundo se disuelve en ardientes cenizas». Probablemente también tuvo influencia en El Bosco la descripción del día del juicio del Apocalipsis de san Juan, libro que fue nuevamente popular en las postrimerías del siglo XV: las famosas ilustraciones de Alberto Durero para los grabados sobre el Juicio Final se dieron a la imprenta en 1498. El amplio valle que domina la tabla central del tríptico de El Bosco puede representar el Valle de Josafat donde, según algunas indicaciones del Antiguo Testamento (Joel 4,2 y 12), se creía saber que se celebraría el Juicio. En todo caso, la Tierra ya no se puede distinguir del Infierno, representado en el ala de la derecha, del que emerge el ejército de Satán para atacar a los condenados; ha comenzado el castigo eterno.

Los místicos sostenían que el sufrimiento más atroz de los condenados era la certeza de que estarían privados para siempre de la visión de Dios. Para la mayoría, no obstante, los tormentos del Infierno eran principalmente corpóreos y tan intensos que, como expresaba un sermón del medioevo, las penas de esta vida no son, comparadas con aquellos, más que un ungüento dulcificante. Para El Bosco, la agonía del Infierno es también principalmente física; los cuerpos pálidos y desnudos de los condenados sufren siendo mutilados, mordidos por serpientes, consumidos en hornos abrasadores y aprisionados en artefactos de tortura. La diversidad de tormentos parece infinita. En la tabla central, un individuo está siendo asado lentamente, mientras que una criatura horrible, pequeña y de barriga abotagada, lo empapa de grasa; a un lado, un demonio femenino ha rebanado a su víctima y la ha colocado dentro de una sartén, como un trozo de jamón, para acompañar los huevos que hay junto a sus pies. En el ala de la derecha se presenta un concierto infernal, que es conducido por un monstruo de cara negra.

En la escena del Infierno de la Mesa del Prado se había asociado cada tormento con uno de los pecados capitales. Sería difícil de detallar si El Bosco siguió consecuentemente esta fórmula en *El Juicio Final*, a pesar de que algunos de los castigos pueden ser identificados con pecados específicos. Por ejemplo, los avaros son cocinados en la gran caldera, que se puede ver justo debajo de uno de los edificios de la tabla central. En la esquina de un edificio, un gordo glotón es obligado a beber de un barril que sostienen dos diablos; a través de la ventana de arriba, se puede ver la fuente de su dudoso refresco. En el tejado, la mujer voluptuosa ha de soportar las caricias de un monstruo en forma de lagarto, que se desliza entre sus caderas, mientras que dos demonios-músicos tocan para ella. En los farallones de la derecha, del otro lado del río, los diablos, en forma de herreros, martillean a sus víctimas sobre los yunques; a una la están herrando como un caballo. Estas almas en pena son culpables del pecado de la ira.

Algunos de estos pecados y sus respectivos castigos se pueden identificar a partir de las inscripciones que acompañan a la escena del Infierno en la Mesa del Prado. Otros se encuentran en las «guías de viaje tradicionales» por el Infierno, que florecieron durante la Edad Media, en general bajo la forma de visitas a las regiones infernales, por parte de personas que regresaron para contar sus aventuras. El *Infierno* de Dante, del primer tercio del siglo XIV y que influyó sobre varias generaciones de artistas italianos, es, por supuesto, el relato de «testigo ocular» más conocido. A pesar de que El Bosco no tomó ninguno de estos textos al pie de la letra (no sabemos ni siquiera si conocía, al menos en fragmentos, la obra de Dante), debió de estar familiarizado con ellos. La influencia que tuvieron estos se aprecia no solo en el modo en el cual expresó determinados castigos, sino también en la topografía general de su infierno, en el que incluyó formas como los hornos y abismos ardientes, así como lagos y ríos, en los cuales se sumergía a los condenados. Sus monstruos derivan asimismo de las fuentes literarias y visuales tradicionales. Los diablos vagamente antropomorfos, como los de la escena de los herreros de la tabla central, se hallan en muchas escenas anteriores del Juicio Final. Por aquel entonces, cuando El Bosco los integró en esta y otras composiciones, los escuerzos, las culebras y víboras y los dragones, que se arrastran sobre las rocas o muerden las entrañas de sus víctimas, hacía ya tiempo que formaban parte del inventario infernal.

Sin embargo, a esta fauna infernal más o menos convencional, presente sobre todo en las grecas de la iluminación de libros, El Bosco agregó especies nuevas y más espeluznantes, cuyas formas complejas se resisten a una descripción precisa. Muchas despliegan fusiones extravagantes entre elementos animales y humanos, combinados a veces con objetos inanimados. A este grupo pertenece el monstruo en forma de pájaro de la tabla central, que ayuda a llevar un cuchillo gigante; su torso se convierte en una cola de pez y en dos piernas humanoides, que calzan un par de vasijas. A su derecha, una cesta invertida dotada de piernas avanza empuñando una espada en su mano armada. Unas cabezas sin cuerpo se desplazan sobre muñones; otros poseen cuerpos y miembros que resplandecen en la oscuridad. Varios demonios tocan instrumentos musicales que han sido introducidos

La caída de los ángeles, la creación de Eva, el pecado original y la expulsión del Paraíso
Postigo izquierdo de *El Juicio Final*
Óleo sobre tabla, 167,7 x 60 cm
Viena, Akademie der bildenden Künste

El Juicio Final (Juicio universal)
posterior al 1504
Tabla central del tríptico
Óleo sobre tabla, 163,7 x 127 cm
Viena, Akademie der bildenden Künste

El Infierno
Postigo derecho de *El Juicio Final*
Óleo sobre tabla, 167,7 x 60 cm
Viena, Akademie der bildenden Künste

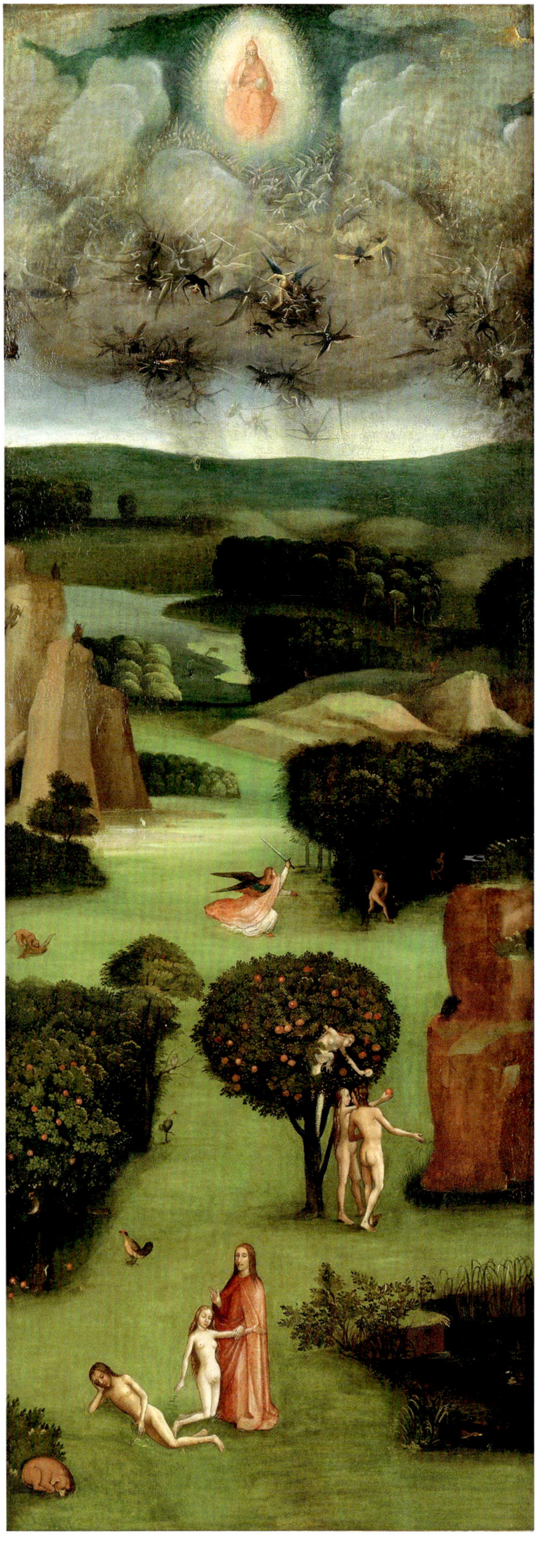

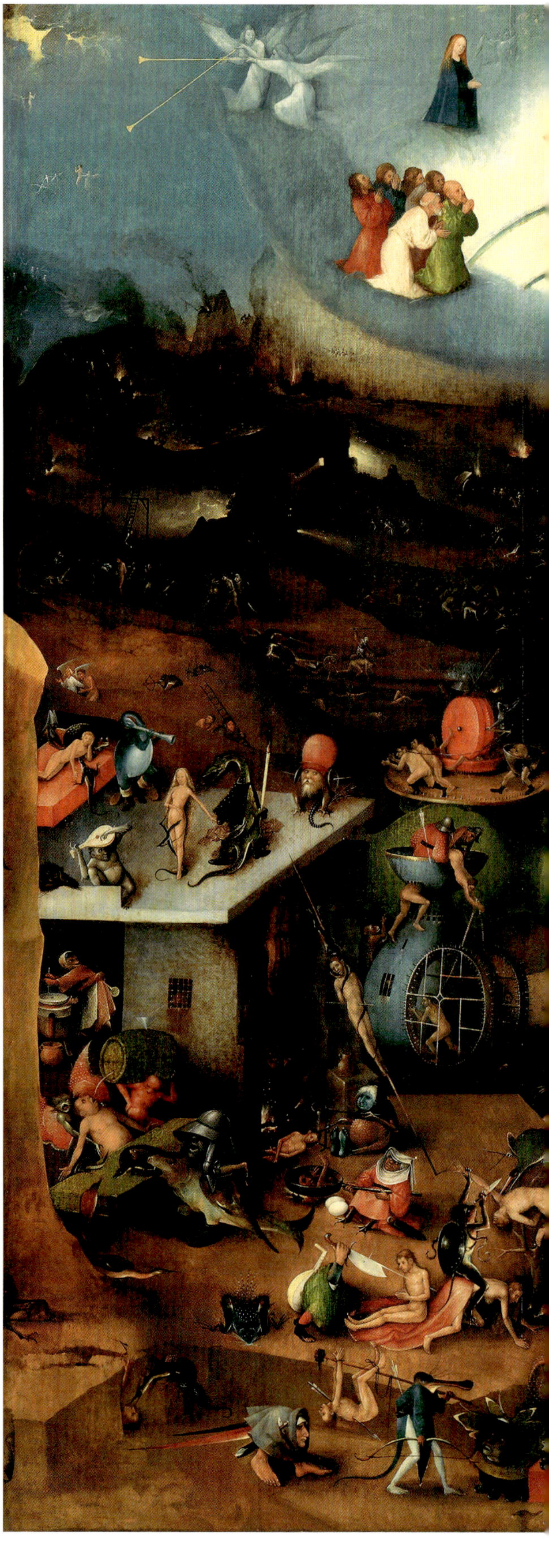

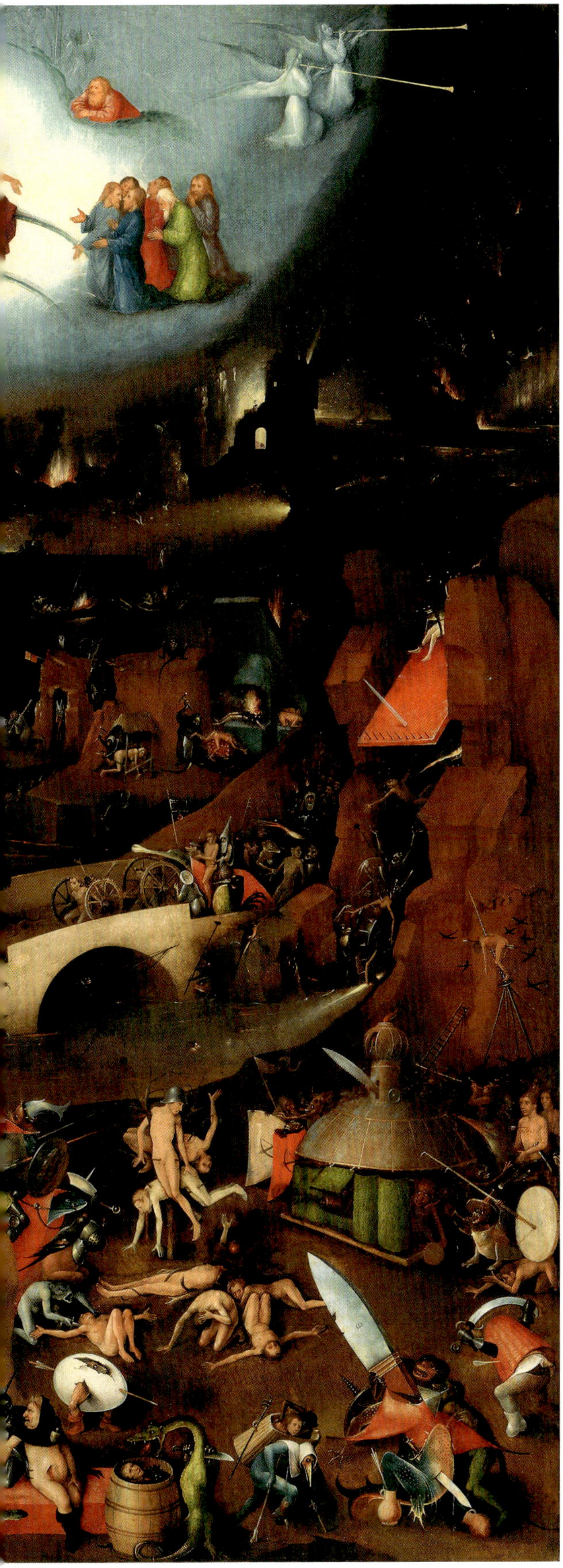

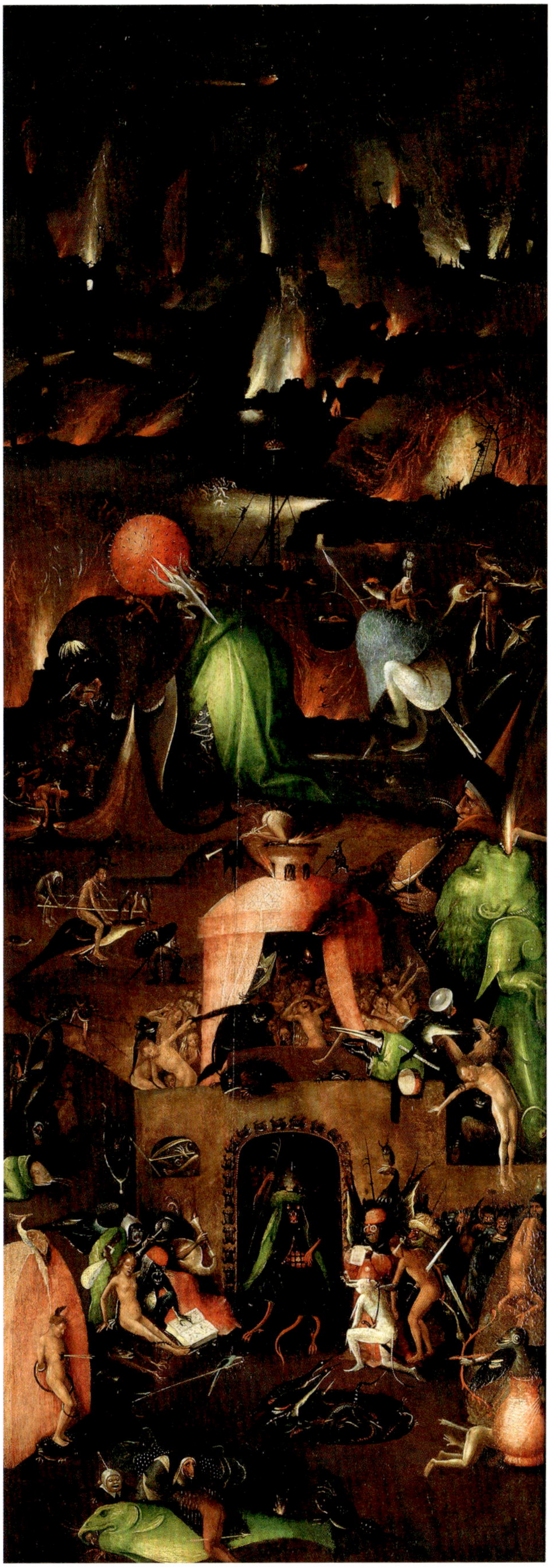

por el recto, lo cual nos trae a la memoria el diablo que expelía ventosidades en el *Infierno* de Dante.

Con estas formas, que parecen transformarse en seres híbridos ante nuestros ojos, El Bosco logró representar eficazmente el concepto medieval del Infierno como un estado en el cual las leyes de la naturaleza que fueron establecidas por la divinidad se convierten en un caos repugnante.

Sin embargo, a nosotros el infierno de El Bosco no nos resulta tan fácil comprender como a sus coetáneos. Estos, por estar perfectamente familiarizados con la atmósfera reinante en el Infierno y las inhumanas condiciones de vida de los condenados, debido a las obras literarias y a innumerables sermones, probablemente habrían sentido —con esas vivencias visuales— de modo asociativo los cambios entre un calor y un frío extremos y se habrían sofocado con el humo y los olores fétidos que surgían por todas partes, respirando «sinergéticamente» con dificultad. Los contemporáneos de El Bosco probablemente habrían oído los chillidos y alaridos de los demonios y, sobre todo, los gritos de los atormentados: no solo se creía que los dolores de los condenados persistían con la máxima intensidad por toda la eternidad, sino que además las almas más horriblemente mutiladas y cuerpos infernales volvían a reintegrarse perpetuamente, para comenzar sus padecimientos desde el principio. Y este proceso no continuaba solo durante un tiempo, sino por toda la eternidad.

El tríptico de Viena presenta el Juicio Final sobre todos los seres humanos como el final de la historia de la salvación que pondrá fin a la historia humana. Con todo, en la *Visión de Tundal* (también denominada «Visio Tnugdali» o «Visio Tondali»), el viaje al más allá más extendido durante la Edad Media —escrito a comienzos de 1149 por un monje llamado Marcus en el monasterio de escoceses de Ratisbona; en 1484, Gerardus Leempt publicó en Hertogenbosch una traducción al neerlandés— y otras fuentes literarias que evidentemente influyeron sobre El Bosco, los tormentos de los condenados se describen como si ocurrieran en el presente, en el purgatorio, y no en un momento indeterminado del futuro. Reflejan la creencia en un juicio individual, el ajuste de cuentas directo al que se deberá someter cada ser humano. Inmediatamente después de morir, de acuerdo con sus méritos, el individuo será enviado a un lugar de tormento o de bienaventuranza, para esperar allí el Juicio Final. Esta doctrina, que se preparó en la Baja Edad Media y que se consolidó cada vez más en los siglos posteriores, se encuentra por ejemplo en el *Diálogo sobre el Juicio particular de Dios*, obra de Dionisio el Cartujo; como señaló Albert Chátelet*, esta concepción sirvió de inspiración para Dieric Bouts en su representación del paraíso terrenal y la caída de los condenados. En estas dos alas, que formaban parte de un tríptico sobre el Juicio Final de Bouts (hacia 1470; París, Louvre), podría haber pensado El Bosco cuando pintó las cuatro tablas con representaciones del más allá, que se conservan actualmente en el Palazzo Ducale de Venecia (il. págs. 39-40).

Los cuadros están muy desfigurados por haber sido ampliamente repintados y haberse empleado un barniz que se oscureció con el paso del tiempo. Si bien no hay unanimidad entre los eruditos respecto de su autoría, es comprensible que estas escenas fantástico-visionarias se atribuyan a El Bosco. En una de las dos escenas (se discute si originalmente era el ala derecha o izquierda de un tríptico), que unidas escenifican el Paraíso, se observa a los elegidos, que son conducidos por ángeles a un paisaje de terreno ondulante, del cual emerge la Fuente de la Vida. Este quizá «solo» sea un paraíso terrestre, una especie de estancia intermedia, en donde los elegidos se purificaban de sus últimas máculas de pecado,

Cuatro tablas con representaciones del más allá, hacia 1490 o posterior
Óleo sobre tabla, 87 x 40 cm (cada tabla)
Venecia, Gallerie dell'Accademia

Ascenso al paraíso celestial
y *El paraíso terrenal*

* Albert Chátelet: «Sur un Jugement Dernier de Dieric Bouts», en *Nederlands Kunsthistorisch Jaarboek*, XVI (1965), 17-42.

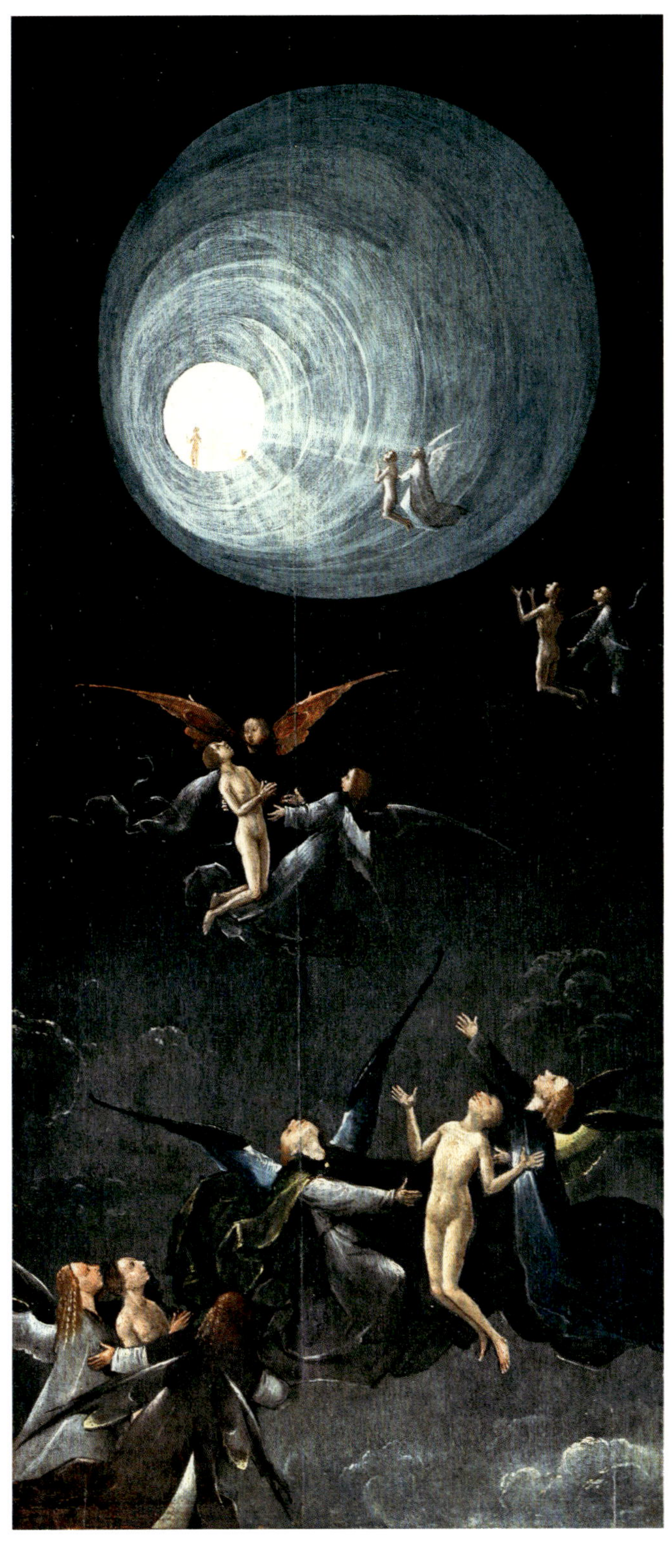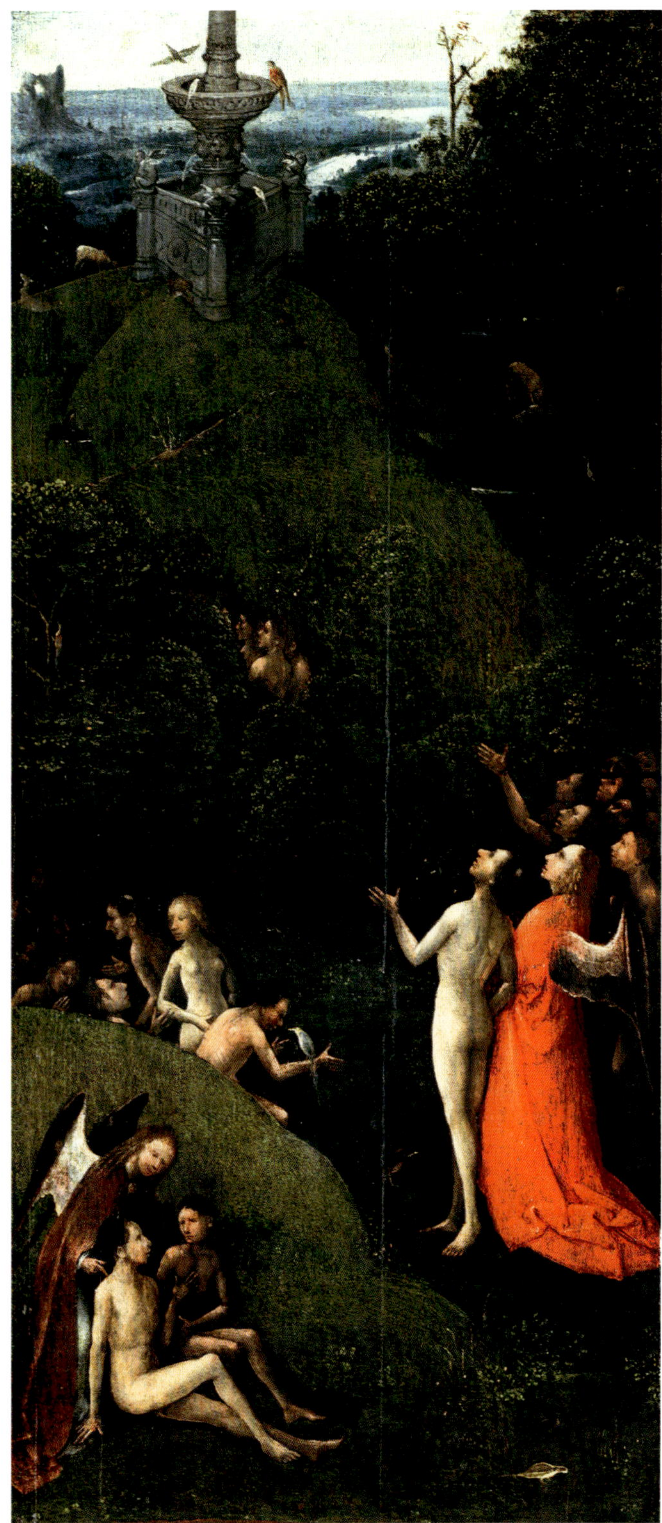

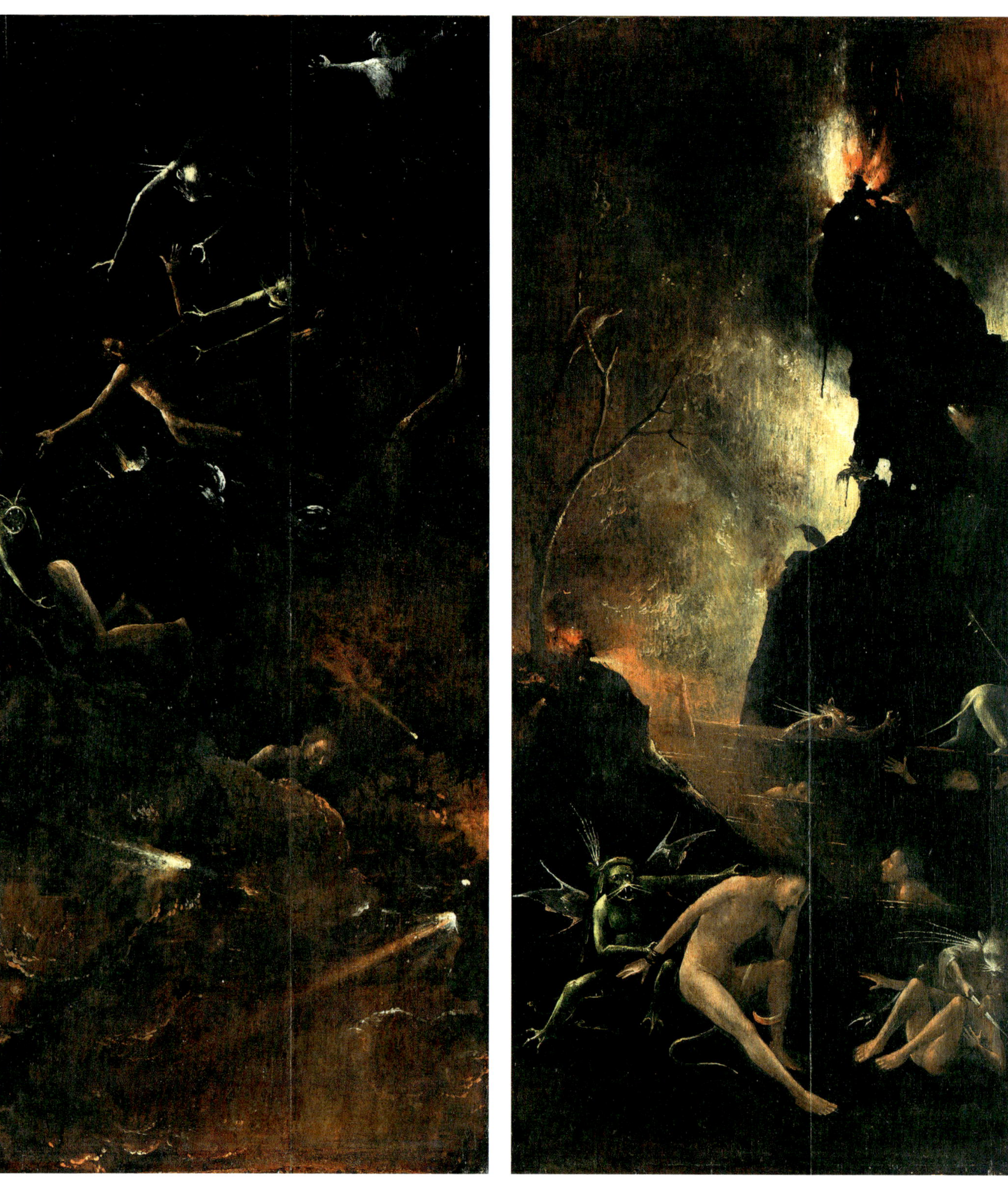

antes de ser admitidos ante la presencia de Dios. Un grupo de almas ya mira hacia arriba, en forma expectante. En la *Visión de Tundal* se describen bastantes jardines de estas características; el paraíso terrestre figura además en múltiples autos sacramentales de la época. Con frecuencia se lo identificaba con el Jardín del Edén, que supuestamente aún existía en la Tierra, en alguna montaña remota e inaccesible al hombre, lo que explicaría que tanto Bouts como El Bosco situaran ese paraíso terrestre en una región montañosa.

En su composición, El Bosco siguió bastante de cerca el modelo de Bouts; sin embargo, se apartó de él en un aspecto significativo: mientras que Bouts representó la verdadera entrada de los elegidos al Cielo, por encima de ese paraíso en la tierra, El Bosco reservó esta escena para una tabla separada, con una visión de felicidad celestial mística, incomparable con las obras de ese tiempo. Aquí, las almas benditas se deshacen de su corporeidad y flotan hacia arriba, en medio de la noche, mientras sus guías angelicales les brindan tan solo un suave apoyo. Con ardiente deseo de éxtasis, elevan la mirada hacia la gran luz que prorrumpe de lo alto, en medio de la oscuridad. Este resplandor en forma de embudo, con sus segmentos claramente definidos, tal vez recuerde en gran medida los diagramas contemporáneos de los signos del zodiaco, pero El Bosco lo convirtió en un corredor luminoso, por el cual los bienaventurados se acercan hasta llegar a esa unión del alma con Dios, que en la Tierra solo se experimenta en escasos momentos de iluminación espiritual. El místico Jan van Ruysbroek dice: «Aquí, el corazón se expande de felicidad y deseo, y todas las venas se abren vivamente, y todas las facultades del alma se hallan dispuestas».

La ascensión de los bienaventurados al *coelum empyreum*, a la más alta esfera ígnea del cielo divino, tiene su contrapartida en la caída de los condenados al abismo del Infierno. También en este caso, El Bosco siguió principalmente la versión de Bouts, pero transformó los aspectos más bien prosaicos de su modelo. En El Bosco, los condenados pasan a través de la oscuridad, donde son capturados por los diablos, a la vez que los chamusca el fuego infernal que sale por las fisuras de las rocas. En la segunda de estas tablas dedicadas a los infiernos, el visitante obtiene la auténtica y espeluznante visión del Infierno; allí, una montaña escarpada vomita llamas contra un cielo encendido; allá, las almas luchan desesperadamente contra las aguas y los demonios. No todos los tormentos son de naturaleza física: sin ocuparse del diablo con alas de murciélago que tira de él, un alma está sentada junto a la orilla con una actitud pensativa, aparentemente abatida por el remordimiento. Tanto el Infierno como el Cielo están interpretados de acuerdo con la visión espiritual de los místicos. Siempre representa la población del Infierno con una variedad inagotable. En una serie de dibujos procedentes del taller de El Bosco y que recapitulan las ideas del maestro, los monstruos proliferan con tal multiplicidad de formas que no hay ni siquiera dos que sean exactamente iguales (il. págs. 48-49): de unas cabezas que sonríen grotescamente brotan piernas; formas obscenas desarrollan trompas y piernas; algunas criaturas son pura cabeza o cola. El Bosco compartía este gusto por los monstruos con su época, sobre la cual ejercía una fascinación especial lo grotesco y lo antinatural.

Si bien los dos cuadros venecianos sobre el Infierno tienen un carácter único en la obra de El Bosco, el hecho de que en 1521 se encontraran —aunque esto se supone siguiendo una noticia no verificada— en posesión del cardenal Grimani de Venecia confirma que esos y similares paisajes infernales gozaban de gran aprecio entre los coleccionistas del pleno Renacimiento, entre los contemporáneos de Rafael y Miguel Ángel, entre conocedores del arte, que al parecer gozaban

Cuatro tablas con representaciones del más allá, hacia 1490 o posterior
Óleo sobre tabla, 87 x 40 cm (cada tabla)
Venecia, Gallerie dell'Accademia

La caída de los condenados y *El Infierno*

del estímulo tan «exótico» como sensacional de los *grilli*, de las obras de El Bosco y su entorno.

La Alte Pinakothek de Múnich posee un fragmento muy deteriorado de un *Juicio Final* (il. pág. 42). Se ha querido identificar este fragmento como parte del retablo que encargó Felipe el Hermoso en el año 1504, pero probablemente El Bosco —si es que se trata de una obra de su propia mano— la ejecutó algo más tarde, en la última etapa de su vida; más verosímil es que se ocupara de hacerla un copista, en los años 1515-1520. En el ángulo inferior izquierdo se ve el extremo de un vestido, todo lo que queda de una figura que al parecer era de proporciones mucho mayores que las demás figuras del fragmento. Tal vez representaba a un san Miguel de dimensiones extraordinarias en el acto de sopesar las almas, tal como aparece en el tríptico de Rogier van der Weyden que se encuentra en Beaune. Detrás de dicho pedazo de tela y a su derecha, los resucitados salen lentamente de sus tumbas; entre ellos se cuenta un rey y varios eclesiásticos. Alrededor de ellos revolotean unos monstruos; sus alas inconsistentes, así como sus filamentos y antenas largos y ondulantes, resplandecen contra el fondo oscuro.

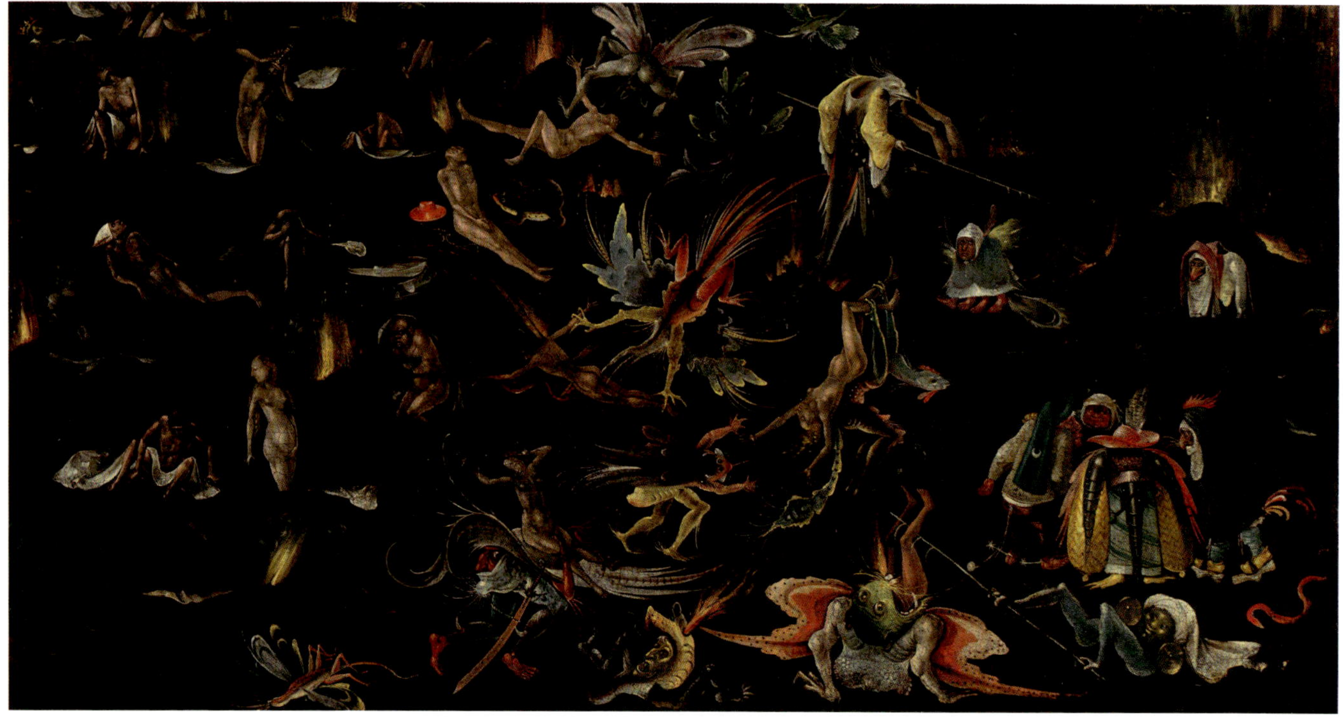

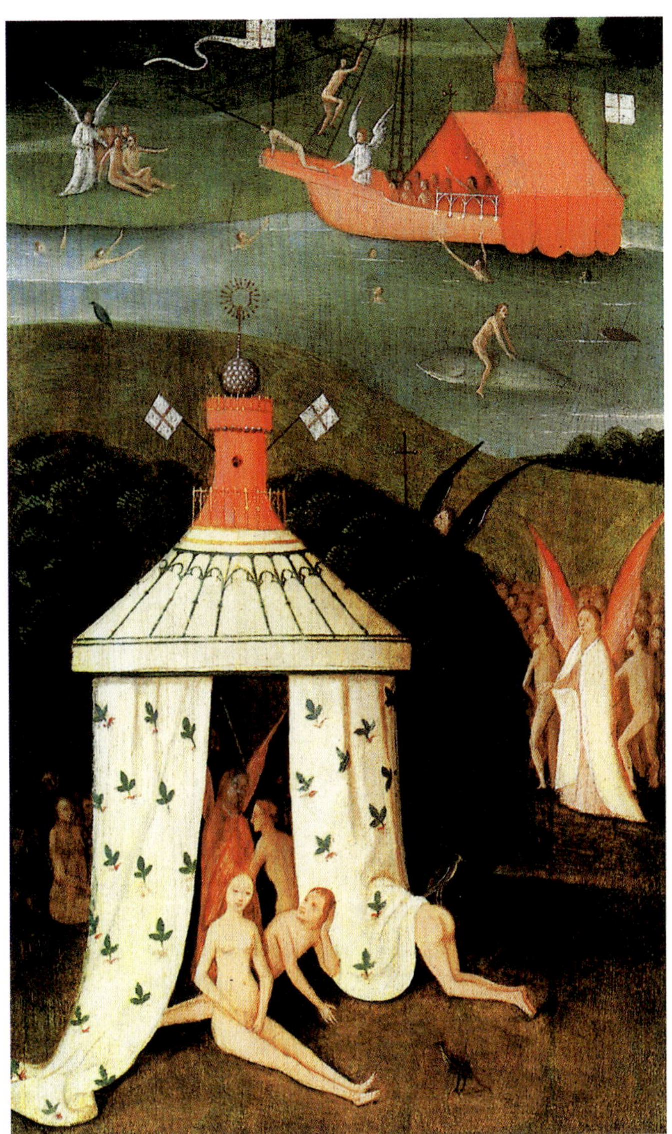

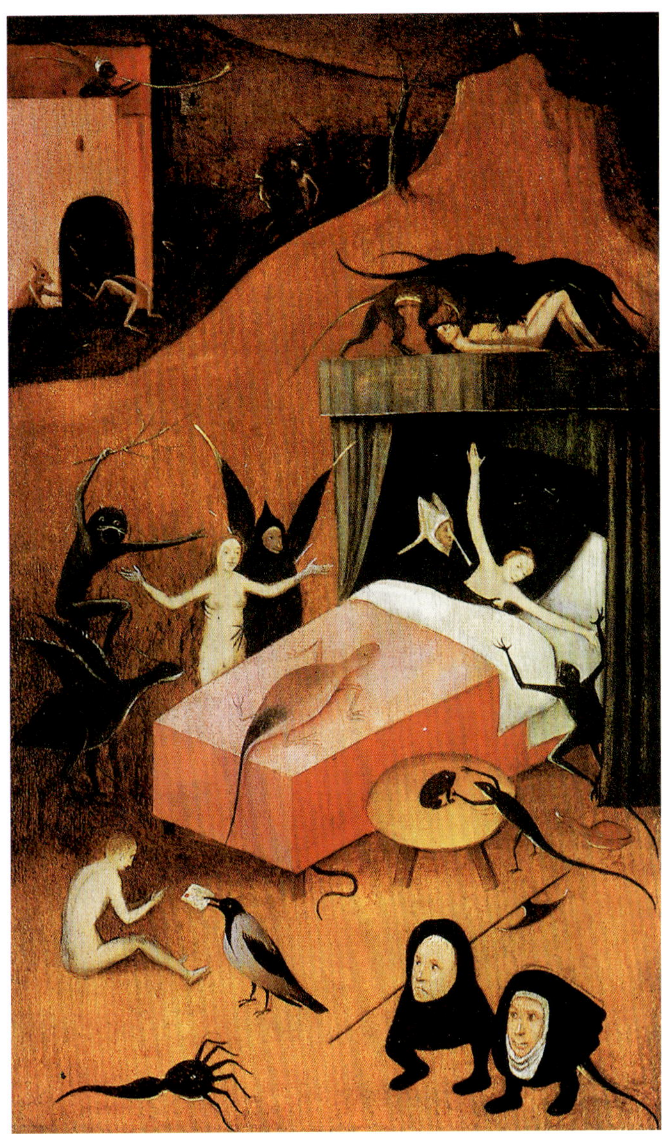

Sucesor de El Bosco
Fragmentos de postigos de *El Juicio Final*

El Paraíso
Óleo sobre tabla, 33,9 x 20 cm
Nueva York, colección particular

Muerte del condenado
Óleo sobre tabla, 34,6 x 21,2 cm
Nueva York, colección particular

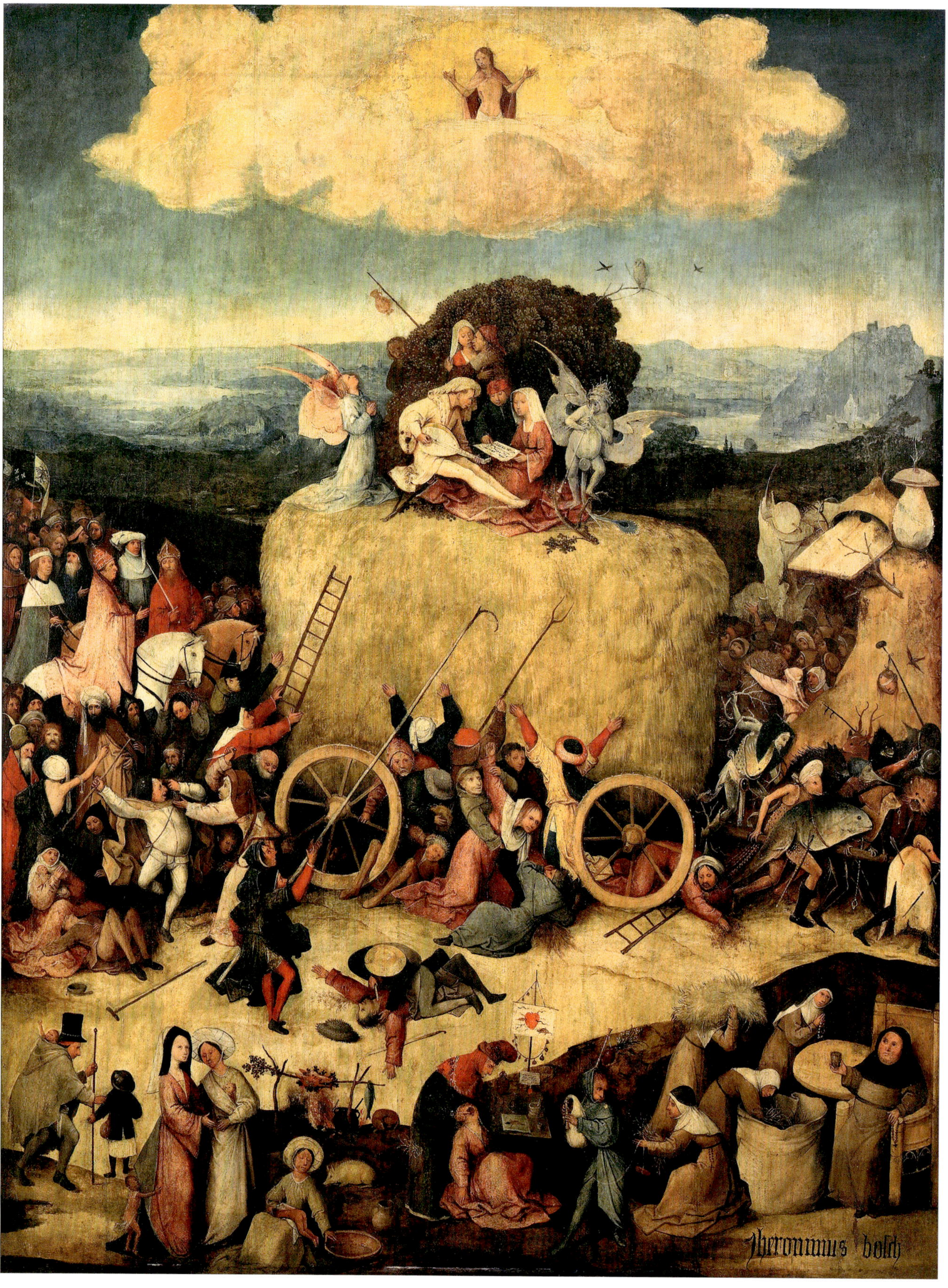
Jheronimus bosch

El triunfo del pecado

Para El Bosco, el pecado y la locura son condiciones universales de la existencia humana y el fuego del Infierno es el destino para la mayoría de las personas. El Bosco desarrolló esta visión profundamente pesimista de la naturaleza humana en dos trípticos, *El carro de heno* y *El jardín de las delicias*.

Existen dos versiones del tríptico *El carro de heno*, una que se conserva en el Real Monasterio de El Escorial (il. págs. 46-47 y 60) y la otra en el Museo del Prado (il. pág. 44). Ambas están profusamente restauradas; en ambos casos, sin embargo, las pinturas de las alas son de calidad claramente inferior en comparación con la tabla central. Los especialistas no están de acuerdo sobre cuál de los dos es el original, o incluso si los dos han de considerarse como copia de un original perdido (al menos, por lo que se refiere a la tabla central). No obstante, la llamativa invención iconográfica sí que probablemente sea de El Bosco.

Sorprendentemente, los comentarios de los investigadores sobre este retablo no son tan controvertidos como es el caso, por ejemplo, de *El jardín de las delicias* y se suelen ceñir relativamente a lo que expuso fray José de Sigüenza, bibliotecario de El Escorial, en 1605. Del mismo modo que *El Juicio Final* de Viena, el interior del ala izquierda presenta la creación y el pecado original; sin embargo, se invierte el orden temporal en la representación espacial: el acontecimiento más reciente pasa al segundo plano. El interior del ala derecha presenta una visión del Infierno, mientras que la tabla central muestra un tema bastante singular: una gran carreta de heno, que rueda pesadamente por un vasto paisaje, y a la que siguen a caballo los notables de este mundo, como un emperador y un papa, al que se ha creído identificar como el tristemente famoso papa Borgia, Alejandro VI. Las personas pertenecientes a los estamentos llanos —campesinos, burgueses, pero también monjas y representantes del bajo clero— intentan arrancar manojos de heno de la carreta, o se pelean entre ellos por el heno que han atrapado. En una variación del motivo que ya nos encontramos en la Mesa con los «pecados capitales» del Prado (il. pág. 27), El Bosco hace que Cristo observe la frenética actividad de los hombres, si bien no solo aparece remoto —en una lejana altura y dentro de una aureola dorada de nubes—, sino que parece casi distanciarse de lo que sucede allá abajo. Nadie, excepto el ángel que puede verse arrodillado, rezando sobre el heno amontonado, parece percatarse de la Divina Presencia; y, sobre todo, nadie advierte que los diablos arrastran el extraño carro, para conducirlo al Infierno y a la perdición.

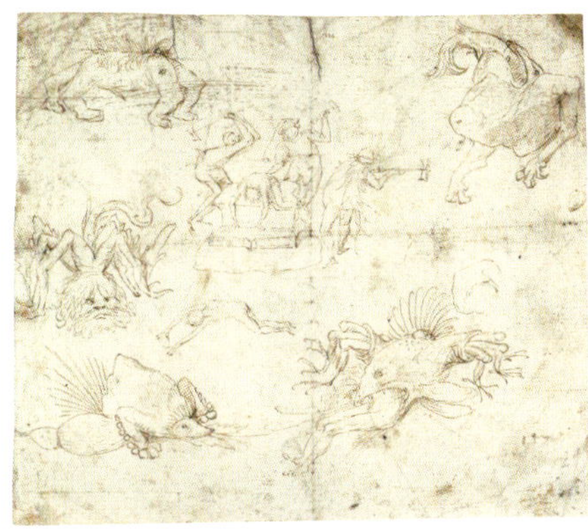

Taller o sucesor de El Bosco
Escenas del Infierno
Pluma y bistre, 16,3 x 17,6 cm
Berlín, Staatliche Museen SMPK,
Gabinete de Calcografías

El paso triunfal del carro de heno
Tabla central del tríptico
El carro de heno, 1510-1516
Óleo sobre tabla, 135 x 100 cm
Madrid, Museo del Prado

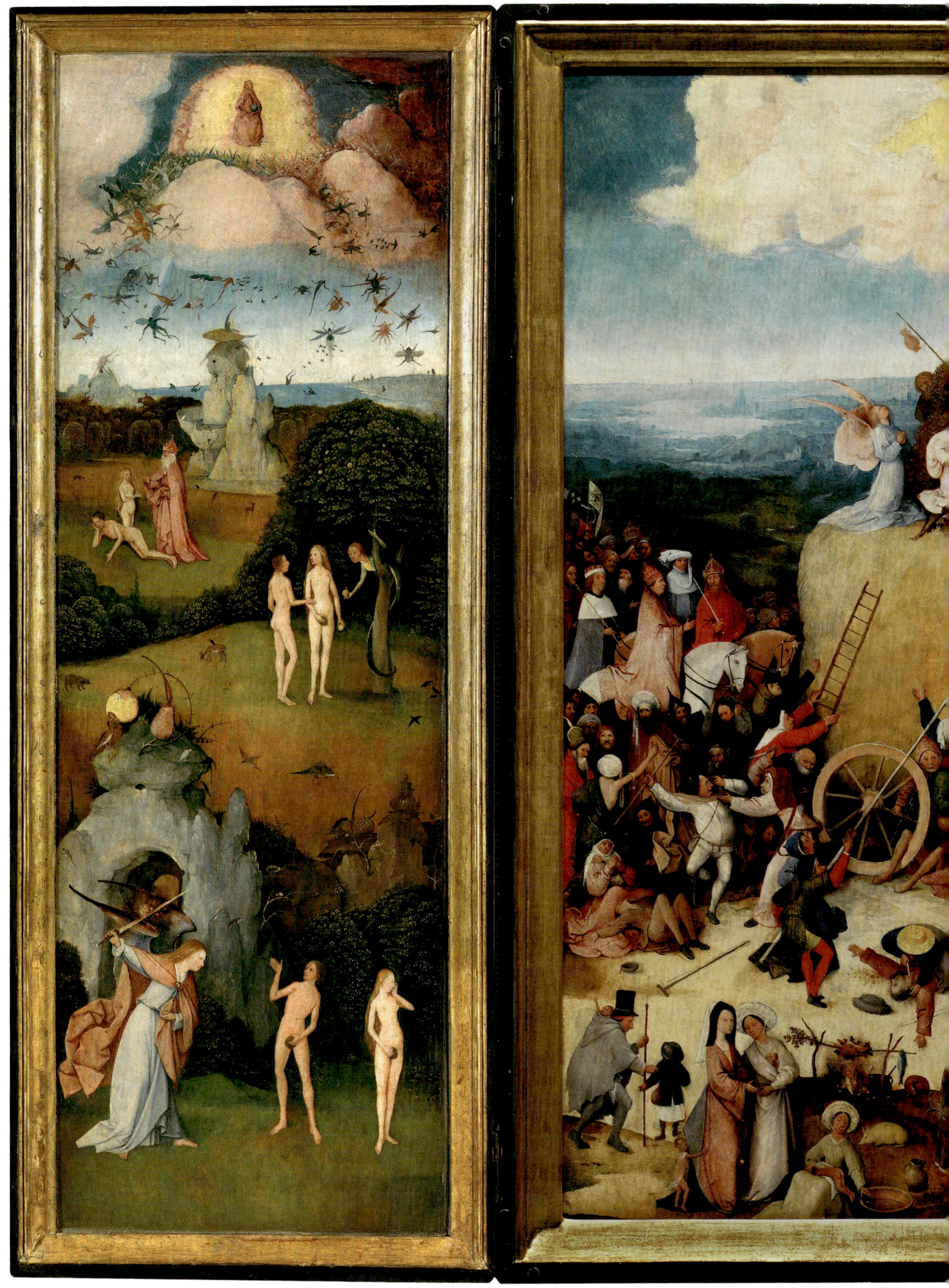

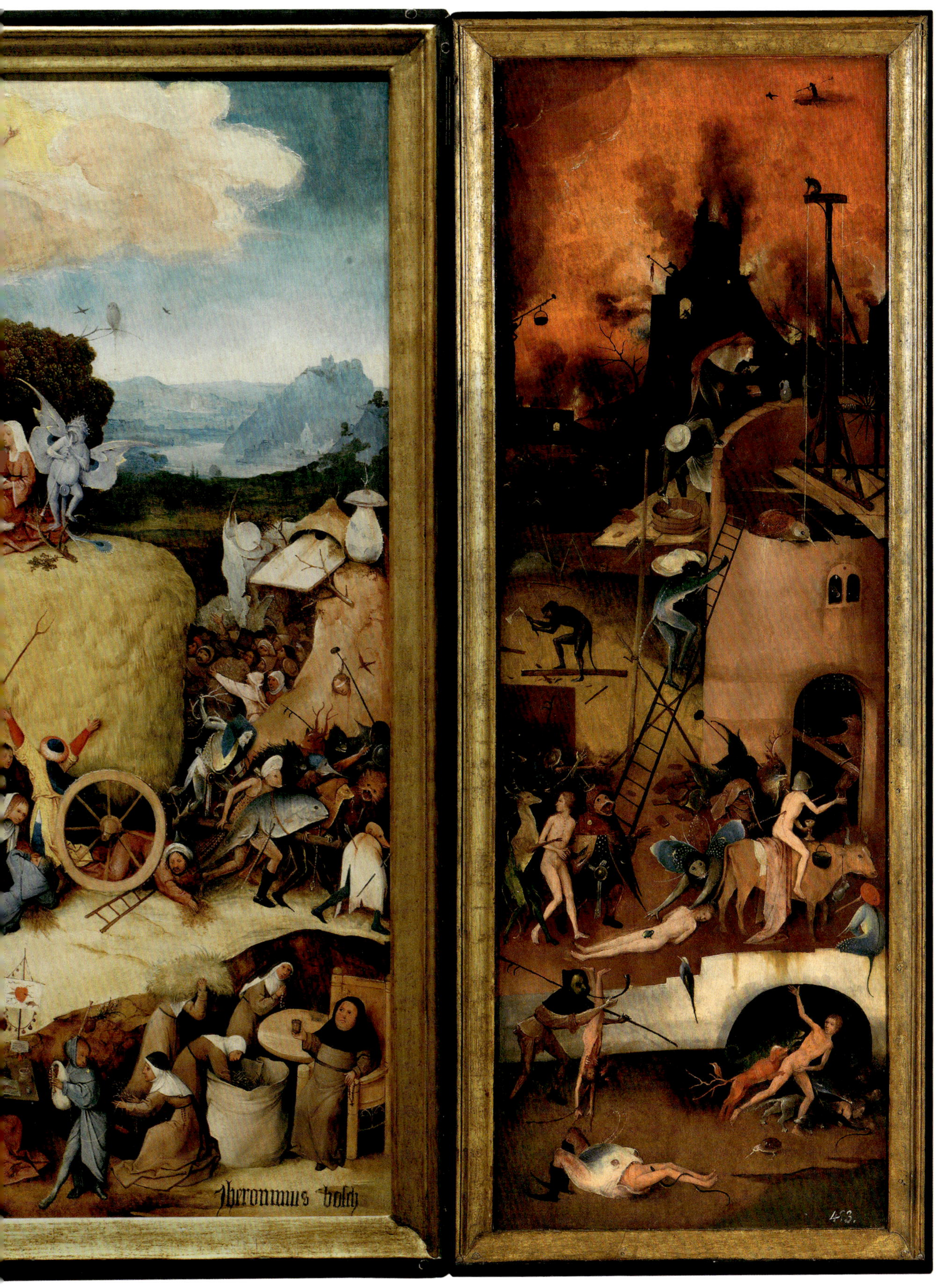

Jheronimus bosch

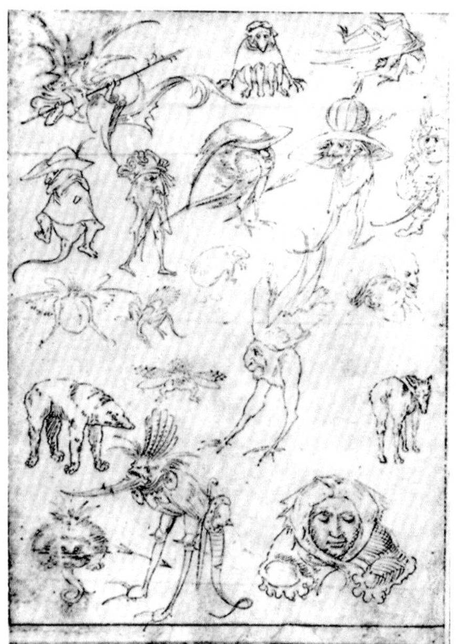

Sucesor de El Bosco
Estudios para unos monstruos
Pluma y bistre, 31,8 x 21 cm
Oxford, Ashmolean Museum

PÁGINAS 46-47
Maestro del retablo del Juicio de Brujas (?)
El carro de heno (tríptico), hacia 1516 (?)
Óleo sobre tabla, 147 x 232 cm
Madrid, Real Monasterio de San Lorenzo
del Escorial

POSTIGO IZQUIERDO
**La caída de los ángeles, la creación de Eva,
el pecado original y la expulsión del Paraíso**
Óleo sobre tabla, 147 x 66 cm

TABLA CENTRAL
El paso triunfal del carro de heno
Óleo sobre tabla, 140 x 100 cm

POSTIGO DERECHO
El Infierno
Óleo sobre tabla, 147 x 66 cm

Este paradójico vehículo es más que una mera posibilidad de viajar cómodamente al Infierno. El carro de heno ilustra un aspecto de la debilidad humana y su condición efímera, como desde siempre ha simbolizado la metáfora del heno. Según una canción neerlandesa del año 1470, Dios colocó todas las cosas buenas sobre la tierra, como en una pila de heno, para el bien de todos, por lo que es necio que uno quiera quedarse con todo para sí mismo. Como además el heno tiene escaso valor, la comparación simboliza la futilidad de los bienes terrenos. Este es el sentido de las alegóricas carretas de heno que aparecieron después del año 1550, en varios grabados flamencos. En 1563, un carro de heno también formó parte de una procesión religiosa de Amberes; según una descripción de la época, la montaba un diablo llamado «Impostor» y la seguían personas de todos los estamentos, que arrancaban con sus manos puñados de heno para mostrar que todos los bienes mundanos son «al hoy» («alles Heu», nada más que heno), es decir, no valen nada.

Las ilustraciones de carretas de heno mencionadas surgieron algunos años después de la muerte de El Bosco; con toda probabilidad se inspiraron en su tríptico, al que se puede suponer una idéntica semántica. El hecho de que la carreta de heno del año 1563 fuera un carruaje de carnaval, condujo a algunos intérpretes a sugerir que El Bosco se inspiró, a su vez, en escenificaciones similares.

El carro de heno analiza una humanidad entregada al pecado y desenfrenada, despreocupada por las leyes de Dios y que no piensa en el destino que le espera. Con todo, El Bosco, entre todos los vicios posibles, se ha fijado sobre todo en uno: el anhelo de bienes terrenos o la avaricia, cuyas subclases se muestran en los diversos grupos de figuras, de modo similar a los antiguos manuales sobre las virtudes y los vicios. Según la profunda advertencia del *Sueño del Rey*, escrito por Laurent Gallus en el año 1279, la avaricia conduce a la discordia, a la violencia, e incluso al asesinato, pecados todos ellos que pueden verse representados en el paisaje delante del carro, en secuencias narrativas. Si los príncipes y prelados trotan plácidamente detrás del carro, manteniéndose a distancia de esta lucha, lo hacen solo porque la pila de heno ya está, por así decir, en sus manos; con su vanidosa serenidad se hacen culpables del pecado de soberbia. La avaricia seduce a los seres humanos, como se sabe, a engañar y defraudar; el individuo con el sombrero de copa alta, que está acompañado por un niño en el ángulo inferior izquierdo, es con toda probabilidad un mendigo farsante (como los que amparaba la vieja «avaricia» en el *Peregrinaje de la vida del hombre* de Deguilleville). En el centro, un médico embaucador ha instalado su mesa con diagramas y jarras, destinados a impresionar a su víctima; la bolsa rellena de heno, que cuelga de su cinto, alude a sus ganancias mal habidas. En el ángulo inferior de la derecha, varias monjas introducen heno dentro de un gran saco, mientras las supervisa un monje sentado, con una abultada barriga fruto de su glotonería.

No es claro el significado de algunos otros grupos ni el sentido profundo de la pareja de amantes, que aparece sentada sobre el carro. La aparición de figuras similares en la Mesa del Prado hace pensar que representan el pecado de lujuria. ¿Podría querer decir también que los placeres de la carne, que frecuentemente implican gastos, se oponen a la avaricia? A pesar de que se puede observar una diferencia de estamento entre la pareja campesina que se besa en el matorral y el grupo más elegante, que interpreta alguna pieza musical y que aparece delante, incluso la música de los jóvenes más distinguidos sirve para acompañar los placeres de la carne, puesto que el diablo que está tocando una melodía voluptuosa por su nariz, ya ha logrado que la pareja aparte la atención del ángel que está rezando a la izquierda.

Tales tramas secundarias ayudan a reforzar el tema básico del triunfo de la avaricia; sin embargo, el tenor del «carro de heno» está siempre impregnado por otras voces de carácter metafórico. En el siglo XVI, el concepto de heno también tenía la connotación de falsedad y fraude; «empujar una carreta de heno con alguien» significaba burlarse de él o hacerle trampa. Cuando leemos que el apodo del diablo montado sobre la carreta del heno de 1563 era el de «Impostor» y tenemos en cuenta que el diablo-músico, que está sobre el carro de heno del Prado, es de color azul, el color que en aquel entonces se atribuía al engaño, se nos aclaran todas las implicaciones de la carga de heno que representara El Bosco. No se trata solo de que los bienes y honores terrenos estén desprovistos de todo valor intrínseco, sino de que Satán y su armada los utilizan como señuelo para conducir al género humano hacia su destrucción.

El espectáculo del Infierno que aparece en el postigo derecho de *El carro de heno* ocupa un lugar intermedio entre el detallado panorama de *El Juicio Final* de Viena (il. págs. 36-37) y la simplicidad monumental de la tabla del *Infierno* de Venecia (il. pág. 40). A esta última obra recuerdan también tanto la ruina alta y semidesmoronada, que se recorta contra el fondo llameante, como las almas malditas, que luchan desesperadamente en las aguas del Infierno. El primer plano, sin embargo, está dominado por un nuevo motivo: una torre circular inacabada, cuyo proceso de construcción se representa con minucioso detalle. Un demonio trepa a una escalera, llevando argamasa fresca para el diablo-albañil, que está montado sobre el andamiaje de arriba, mientras que un compañero de piel morena sube con el montacargas un madero para el piso. El significado de esta actividad febril no está claro. Si bien en las descripciones medievales del Infierno abundan las torres, los diablos están en general demasiado ocupados torturando a sus víctimas como para dedicarse a trabajos arquitectónicos. No obstante, existía una visión del papa San Gregorio que relata que en el cielo las casas destinadas a recibir las almas de los justos se construían de ladrillos dorados, cada uno de los cuales representaba una limosna o una buena acción efectuada por alguien en la Tierra. Tal vez El Bosco representó la contrapartida infernal de estas mansiones celestiales: obras del diablo construidas por la avaricia. Por otro lado, la torre de El Bosco podría parodiar la ignominiosa Torre de Babel, con la cual los seres humanos habían tratado de tomar al asalto las propias puertas del Cielo. En este caso, sería el símbolo de la soberbia, el pecado que hizo caer a los ángeles rebeldes, y que está representado por el aspecto mundano del príncipe y del prelado, y por la comitiva que los sigue detrás del carro de heno.

Otros castigos también tienen relación con los pecados que se ilustran en la tabla central. Sobre el puente que conduce a la torre infernal, un grupo de demonios atormenta a una pobre alma desnuda, que está montada sobre una vaca. Esta figura desgraciada estuvo inspirada probablemente en la visión de Tundal, quien, durante su ficticio recorrido por el Infierno, fue obligado a conducir a una vaca a través de un puente angosto, como castigo por haber robado una res del ganado de su vecino. En el puente se encontró con quienes habían asaltado las iglesias y cometido otros actos sacrílegos, detalle del que pudo haber surgido el cáliz eucarístico que empuña la figura de El Bosco. Al individuo sobre el suelo, a quien un escuerzo le roe los genitales, le cabe la suerte de los lujuriosos, mientras que la voracidad se castiga adecuadamente mediante un monstruo en forma de pez, que aparece en el primer plano. Por encima de este y a la izquierda, un diablo cazador toca su cuerno; su presa ha sido destripada como un conejo y cuelga de su lanza con la cabeza hacia abajo. Sus perros se adelantan para acosar a otros dos fugitivos debajo del puente. Por muy complejas que fueran sus

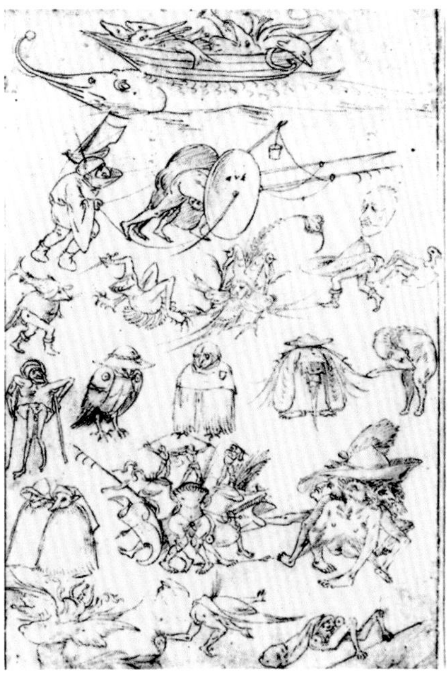

Sucesor de El Bosco
Estudios para unos monstruos
Pluma y bistre, 31,8 x 21 cm
Oxford, Ashmolean Museum

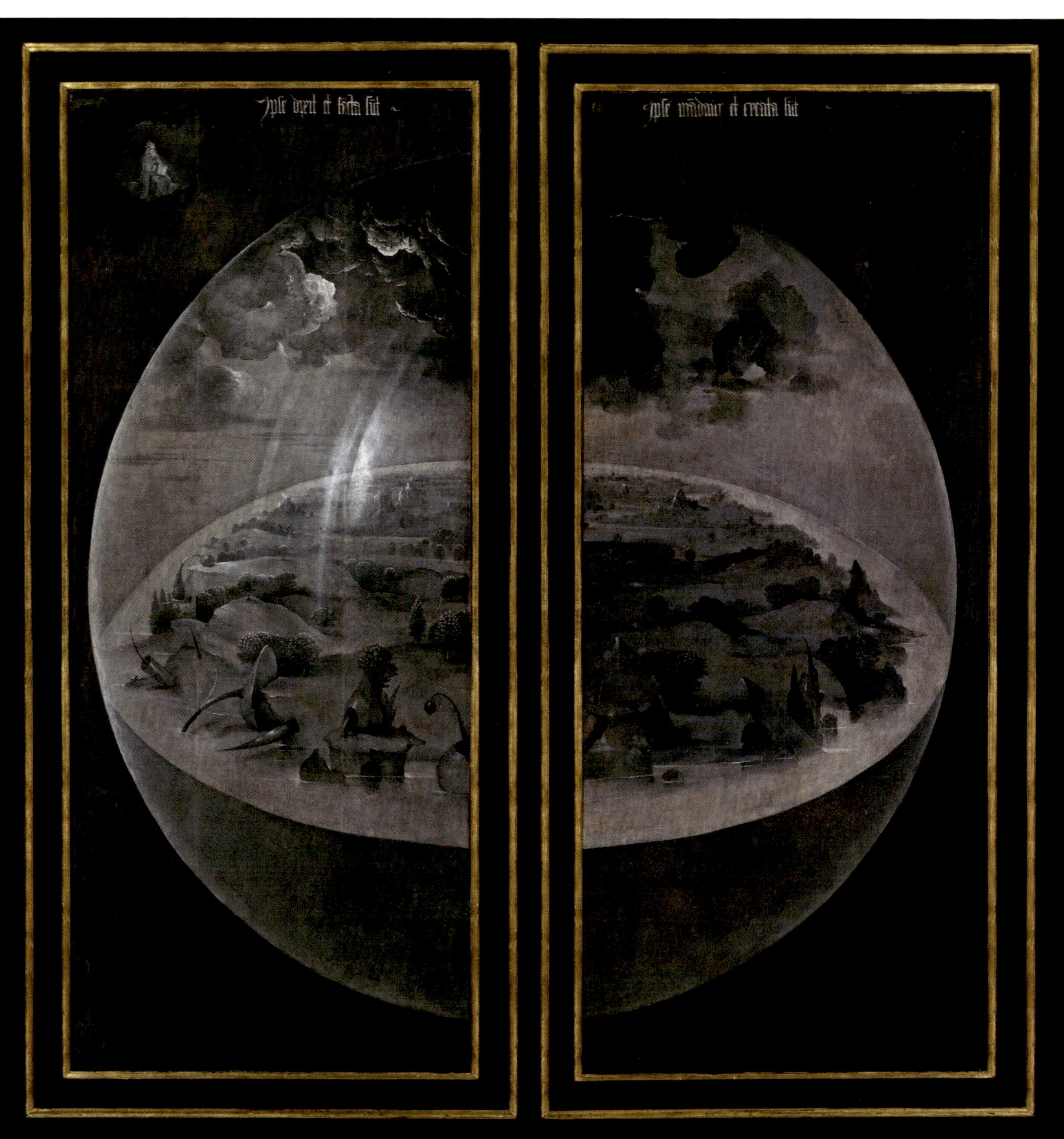
Ipse dixit et facta sunt
Ipse mandavit et creata sunt

ramificaciones, el significado básico de *El carro de heno* es relativamente sencillo. Incluso quien no sepa nada acerca del sentido metafórico que tenía el heno en el siglo XVI, puede comprender con facilidad que El Bosco comenta un aspecto negativo de la naturaleza humana. Esto, sin embargo, no es así en el tríptico para el que se ha impuesto el título de *El jardín de las delicias* (il. págs. 52-53).

La tabla central sedujo a los contemporáneos de El Bosco hasta tal punto que se hicieron copias solo de esta parte del tríptico. El escenario, de vivos colores, no representa el Paraíso —este aparece en el ala izquierda—, pero tampoco es un paisaje idílico terrenal. Un extenso panorama, a modo de parque, iluminado sin rastro de sombra, parece extenderse —siguiendo el tipo iconográfico del «paisaje universal» de la Baja Edad Media— por todo el globo terráqueo. En él aparecen hombres y mujeres desnudos, sin ningún tipo de vergüenza, pertenecientes a las más diferentes razas; en medio de la naturaleza se sienten en su casa, pues al parecer son ellos mismos partes integrantes de aquella. Solo en el plano medio de la composición se reduce esta afluencia de personas, allí donde —alrededor de una fuente redonda con mujeres seductoras— forman un círculo hombres a caballo, unicornio y demás monturas. En el fondo, se alza saliendo de un estanque una inmensa cápsula de fruta de color azul como un globo terráqueo; alrededor del estanque pueden verse otras «arquitecturas» fantasmagóricas, de formas en parte vegetales, en parte petrificadas y en parte cristalinas.

En este confuso puzle, hombres y mujeres desnudos mordisquean frutas gigantes, se reúnen con pájaros y animales, retozan en el agua y, sobre todo, se entregan, sin vergüenza —según dicen unos intérpretes— o despreocupadamente —según los otros—, a diferentes juegos amorosos con distorsiones y movimientos acrobáticos del cuerpo para darse a tocamientos sexuales. Los cuerpos pálidos de las figuras, que causan una sensación de estar desmaterializados, contra los que destaca con especial contraste de vez en cuando una figura negra, resplandecen como flores tropicales por la hierba y el follaje. Por detrás de las fuentes y de los «pabellones de recreo» alrededor del lago del fondo, una cadena de suaves colinas modula la línea del horizonte. Por mucho que haya que rechazar la conclusión de Fraenger de que aquí El Bosco habría visualizado los rituales de una sociedad secreta herética, uno está tentado de asentir a la observación de este autor de que las parejas desnudas llenan el mundo con un juego erótico inocente, que la sexualidad que los inspira parece ser pura alegría, pura bienaventuranza, y que los seres humanos han vuelto a fundirse con la naturaleza, con su vegetativa inocencia. Ciertamente, tal vez estemos ante la presencia de la infancia del mundo, la Edad de Oro a la que se refirió Hesíodo, en la que los seres humanos y las bestias cohabitaban en paz, y la tierra daba, sin esfuerzo, abundantes frutos.

Sin embargo sería sorprendente que la exégesis de El Bosco se hubiera conformado con tal afirmación. La premisa de que la imaginación de este artista estaba obsesivamente poseída por fantasmas diabólicos exigía una interpretación asimismo «demoníaca». Efectivamente, la apoteosis de la sexualidad inocente que aparece en la tabla central está llena de elementos que dejan al observador estupefacto. En este «jardín» al parecer pacífico se desfoga la lujuria pecaminosa. Este vicio parece presentarse a la observación voyeurista del observador de un modo casi perverso en diversos lugares de la tabla; por ejemplo, con la pareja que está dentro de una esfera transparente, en el ángulo inferior izquierdo, o la que está a su lado, escondida en una concha de mejillón. Otras figuras parecen poner de manifiesto un erotismo aún más «pervertido», como el individuo en posición invertida, con la cabeza sumergida dentro del agua, cuyas manos

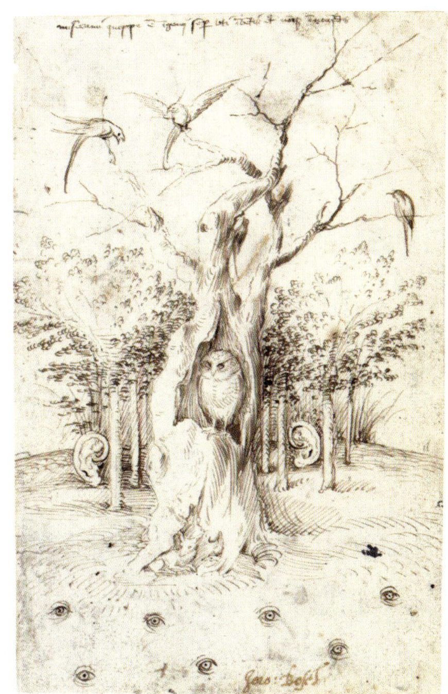

Campo con ojos y bosque con orejas
Pluma y bistre, 20,2 x 12,7 cm
Berlín, Staatliche Museen SMPK,
Gabinete de Calcografías

La creación del mundo (La creación)
Postigos del tríptico *El jardín de las delicias*
Grisalla sobre tabla, 220 x 195 cm
Madrid, Museo del Prado

PÁGINAS 52-53
El jardín de las delicias (tríptico), hacia 1503
Óleo sobre tabla, 220 x 389 cm
Madrid, Museo del Prado

POSTIGO IZQUIERDO
El Paraíso (El jardín del Edén)
Óleo sobre tabla, 220 x 97 cm

TABLA CENTRAL
El jardín de las delicias
Óleo sobre tabla, 220 x 195 cm

POSTIGO DERECHO
El Infierno
Óleo sobre tabla, 220 x 97 cm

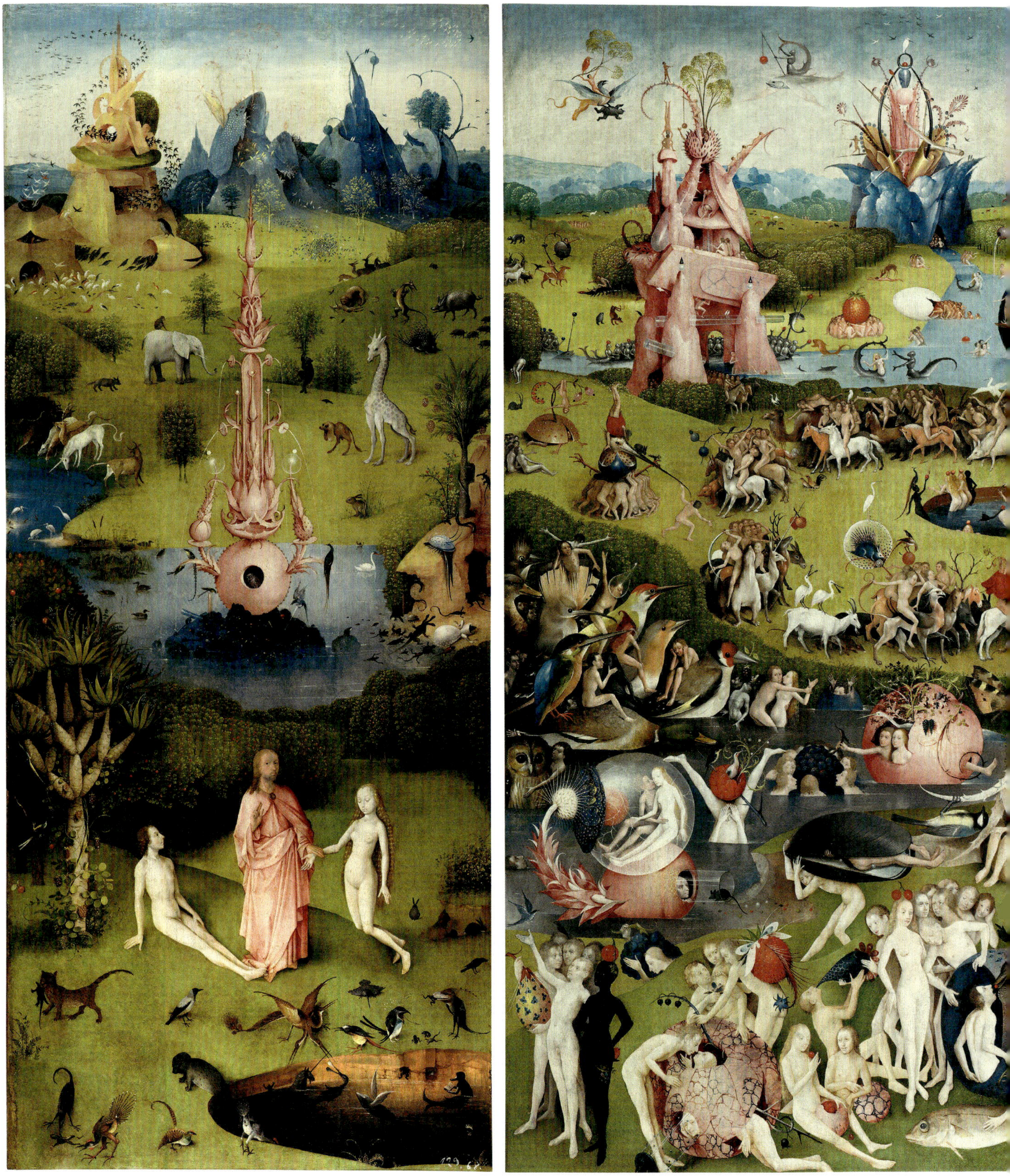

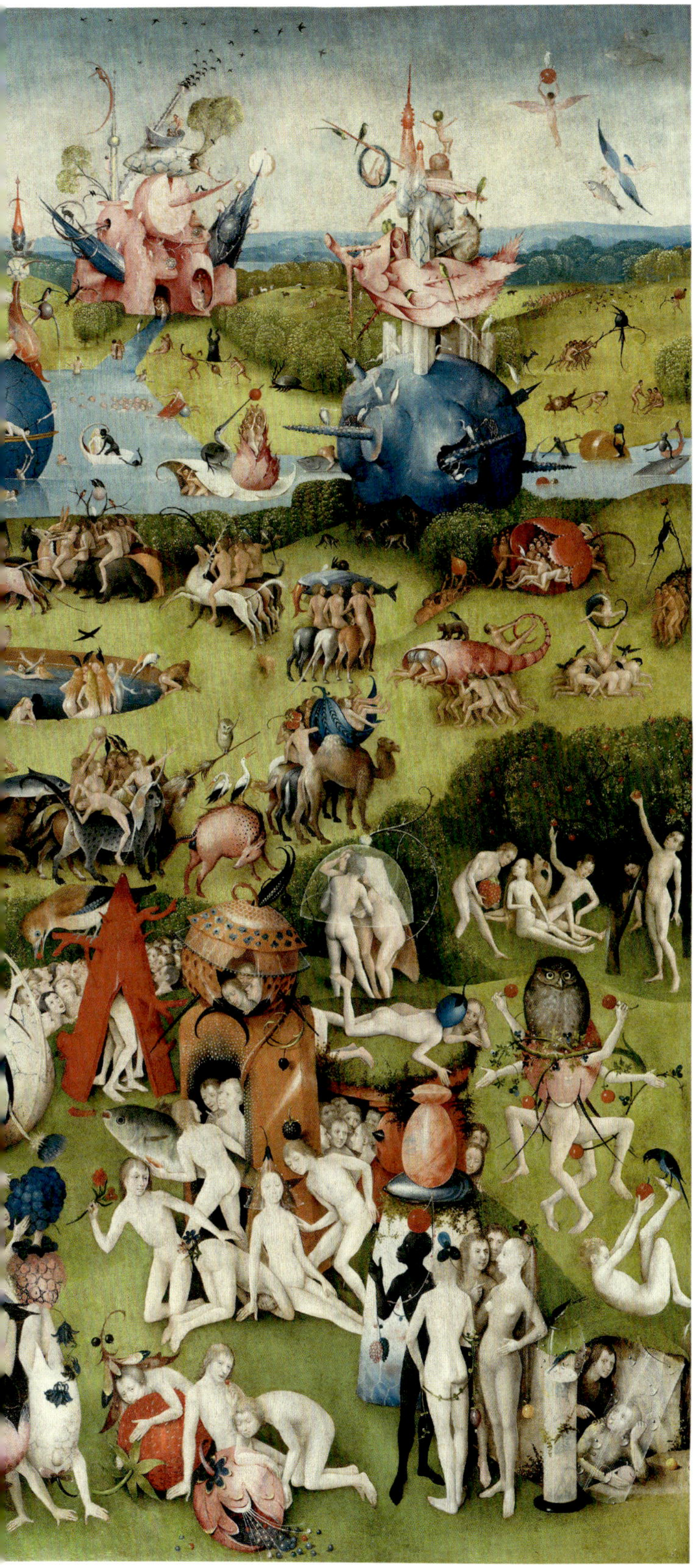

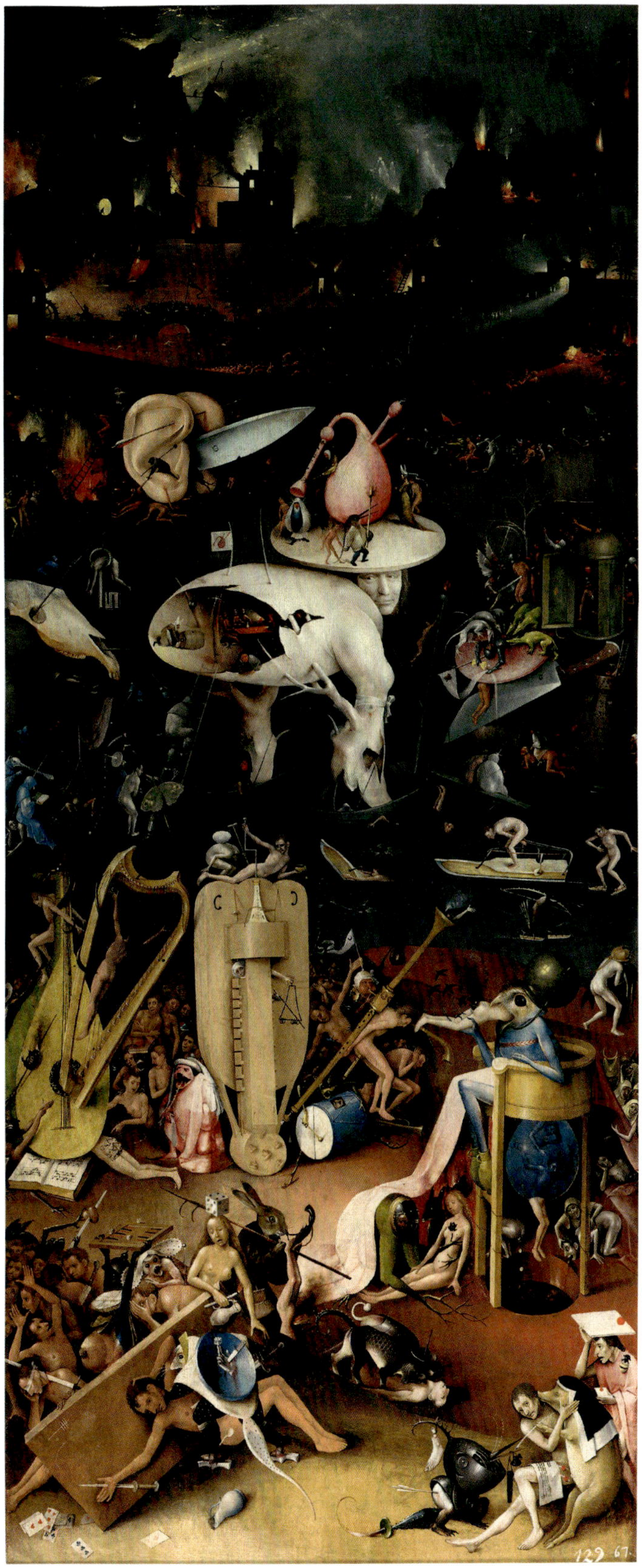

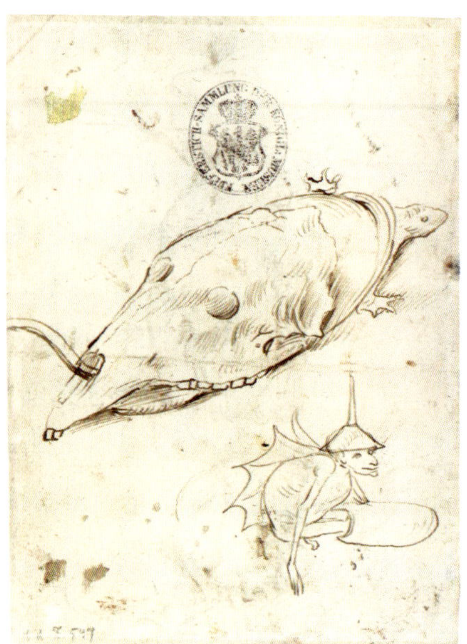

**Tortuga con un cráneo sobre su
carapacho y demonio alado**
Pluma y bistre, 16,4 x 11,6 cm (dibujo
en el reverso de la lámina con los *Dos
monstruos*, il. pág. 55)
Berlín, Staatliche Museen SMPK,
Gabinete de Calcografías

* Gerd Unverfehrt: *Wein statt Wasser. Essen
und Trinken bei Jheronimus Bosch*, Gotinga
2003, págs. 22 y ss.

** Dirk Bax: *Beschrijving en poging tot verklaring
van het Tuin de onkuisheiddrieluik van Jeroen
Bosch, gevolgd door kritiek op Fraenger*, Ámster-
dam 1956. A proverbios populares, entre otras
cosas en calidad de fuente para las creaciones de
El Bosco, también se dedica ampliamente Roger
H. Marijnissen *(op. cit.),* con la colaboración
de Peter Ruyffelaere: *Hieronymus Bosch. Das
vollständigeWerk*, Weinheim 1988

cubren sus partes pudendas, o el joven del ángulo inferior derecho, que introduce unas flores dentro del recto de su compañero. Sin embargo, junto a estas
representaciones bastante obvias, también se alude a la vida sensual en términos
metafóricos o simbólicos. Por ejemplo, las «fresas» que se destacan dentro del
paisaje tanto que los españoles llamaban a este cuadro *El jardín de las fresas*, probablemente simbolicen la inconsistencia de los placeres carnales (ahora bien,
en el simbolismo medieval, las fresas también tenían connotaciones positivas,
como fruta del paraíso). Al parecer, esta fue también la conclusión del padre Sigüenza, quien se refiere a «la vanidad, la gloria y el sabor pasajero de las fresas,
cuya fragancia apenas se percibe cuando se marchitan». Sin embargo, el término
que emplea este autor es «madroños», que la mayoría de los autores modernos
traducen sin pensarlo como «fresas». En realidad se trata de un árbol mediterrá-
neo *(Arbutus unedo)* cuya región natural llega hasta Irlanda, y cuyos frutos son,
como mucho, en cierto modo similares a las fresas. El bello aspecto externo de
la fruta guarda una pulpa insípida; es posible que, de este modo, se interpretara
asociativamente la belleza de las figuras de la tabla central como poseedoras de
un aspecto externo muy bello, con un núcleo corrupto por el desenfreno sexual*.

Hace decenios, Bax** estudió cuidadosamente *El jardín de las delicias*. Gracias a sus vastos conocimientos de la literatura holandesa antigua, pudo identificar muchas de las formas de la tabla central —frutos, animales o las estructuras
minerales exóticas— como símbolos eróticos, inspirados por las canciones populares, los dichos y las expresiones de jerga coetáneos. Por ejemplo, muchos
de los frutos que mordisquean o sostienen los amantes del jardín, sirven como
metáforas de los órganos sexuales; los peces, que figuran en dos lugares del primer plano, aparecen como símbolos fálicos en los antiguos proverbios neerlandeses. El grupo de jóvenes y doncellas que recogen fruta en el centro también
posee una connotación poco inocente; según Bax, «arrancar fruta» (o flores)
era un eufemismo del acto sexual. Los motivos más interesantes son, quizás, los
frutos y cáscaras enormes y los huecos en los que se han introducido algunos de
los personajes. Bax los interpreta como un juego con el uso medieval de la pala-
bra holandesa *schel* o *schil*, que significaba tanto la «piel» de una fruta como una
«pelea» o «controversia». De ahí que, estar en una *schel* tenía el sentido de entrar
en contienda con un opositor, y esto incluía el combate placentero del amor; la
propia cáscara vacía implicaba lo que no tiene utilidad. El Bosco no podría haber
escogido un símbolo más apropiado para el pecado, ya que fue un fruto lo que
ocasionó la caída de Adán.

¿Es relevante que El Bosco situara los detalles del placer carnal en un gran
parque o en un paisaje a modo de jardín? Durante siglos, el jardín había sido
escenario para los amantes y las prácticas amatorias. Los jardines del amor con-
tienen siempre hermosas flores, pájaros de dulces trinos y una fuente en el centro, alrededor de la cual se reúnen los amantes para pasear o cantar, como se
puede observar en muchos tapices y grabados de tiempos de El Bosco. No cabe
duda de que El Bosco estaba familiarizado con esta tradición. En *El jardín de las
delicias* reunió muchos elementos de la iconografía tradicional, incluyendo la
fuente y los pabellones de recreo que destacan del lago del fondo. En realidad,
estas formas centelleantes y curiosamente labradas no son mucho más fantásticas
que las fuentes y construcciones erigidas con oro, cristal y demás materiales pre-
ciosos, que se describen en muchas obras literarias sobre los «jardines del amor».

Por ello, a pesar de que *El jardín de las delicias* recuerda desde diversos puntos
de vista los jardines del amor convencionales, los habitantes de estos últimos se
comportan en general de forma mucho más discreta; rara vez retozan desnudos

o hacen juegos eróticos dentro del agua (ciertas diferencias presenta el tema de la «fuente de la eterna juventud», también muy popular en la transición de la Edad Media al Renacimiento). Sea como fuere, la asociación del amor y de los juegos amorosos con el agua estaba muy extendida en tiempos de El Bosco. Por ejemplo, dentro de las representaciones de las «faenas de los meses» en calendarios, el mes de mayo —la estación del amor— se ilustraba con una pareja de amantes que se abrazaban en una tina de agua.

En *El jardín de las delicias*, al jardín del amor y al baño de Venus se añade —en opinión de bastantes historiadores del arte— un tercer tema principal. En el lago del fondo, el baño de los personajes es mixto, pero en el plano medio, hombres y mujeres están cuidadosamente separados por sexos; en el estanque circular se bañan exclusivamente mujeres, mientras que alrededor de dicho estanque cabalgan hombres. Las acrobacias de los jinetes —uno está dando un salto mortal sobre el lomo de su caballo— se han interpretado como una metáfora de la excitación física que produce la presencia de las mujeres desnudas. Con frecuencia, los animales simbolizaban los instintos bajos o animales del ser humano, y las personificaciones de los pecados se representaban a menudo sobre el lomo de varias cabalgaduras. No es casualidad que en el lenguaje coloquial se siga denominando aún hoy el acto sexual como acción de cabalgar.

Una interpretación completamente distinta de la tabla central de este tríptico la proporcionó hace unos años Hans Belting*. Según esta, El Bosco habría escondido una utopía moderna en un paraíso imaginario; no obstante, esa utopía no tiene nada que ver con un documento secreto herético, ni con la ilustración refinadamente cifrada del relato bíblico de la creación, ni con una demonización de la sexualidad humana ni tampoco con un voyeurismo blasfemo. Todo lo contrario: se trataría de la anticipación de un estado de bienaventuranza terrena, que invitaría a sus destinatarios de la corte de Bruselas a llevar a cabo una comparación con los relatos sobre el recién descubierto Nuevo Mundo, ese nuevo continente en el que no pocos humanistas de comienzos del Renacimiento quisieron ver un mundo sin pecado original, en el que los seres humanos todavía se encontraban en armonía —también de carácter físico-sexual— con la naturaleza, se reproducían y eran felices.

Sin embargo, esta interpretación recuerda demasiado a Rousseau y el «noble salvaje» del siglo XVIII; atribuye a El Bosco una visión que solo adquiriría una imagen literaria pionera con la publicación —el mismo año de la muerte del pintor, 1516— del ficticio relato de viajes *Utopía* del inglés Tomás Moro. Además, la interpretación de Belting no acierta a explicar todos los detalles del cuadro de modo convincente o suficiente. Con todo, lleva *El jardín de las delicias* a una esfera iconográfica que parece adecuada para los despreocupados juegos amatorios, los colores vivos y alegres, la luz clara y risueña, y a la belleza física de las personas aquí representadas.

Las pinturas de las alas reproducen mundos completamente opuestos: en los postigos exteriores (il. pág. 50) puede verse, desde una perspectiva cósmica, casi diríase que divina, una representación en grisalla de la creación del mundo. En un tamaño sorprendentemente reducido aparece, en el ángulo superior de la izquierda, la figura de Dios Padre. Aproximadamente por la misma época y en los frescos de la Capilla Sixtina, Miguel Ángel representó a Dios como una especie de escultor sobrehumano que, con sus propias manos, imprimía forma al caos primordial. El Bosco, por el contrario, siguió el concepto más acorde con la Biblia, al presentar a Dios en el acto de crear mediante su Verbo. El Creador aparece sereno sentado en el trono con un libro en las manos, a la vez que sus

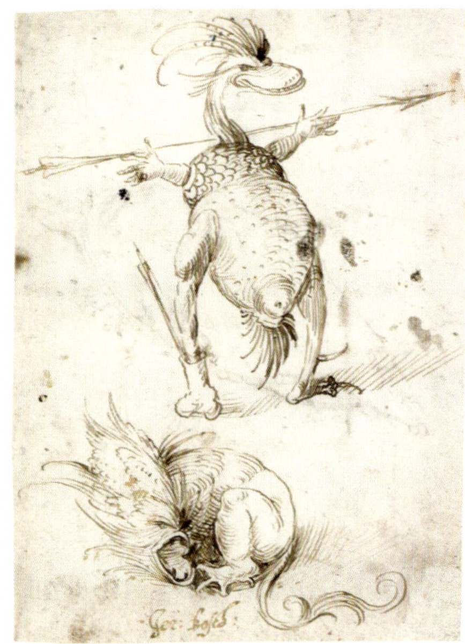

Escuela de El Bosco
Dos monstruos
Pluma y bistre, 16,4 x 11,6 cm
Berlín, Staatliche Museen SMPK,
Gabinete de Calcografías

* Hans Belting: *Hieronymus Bosch. Garten der Lüste*, Múnich-Berlín-Londres-Nueva York 2002.

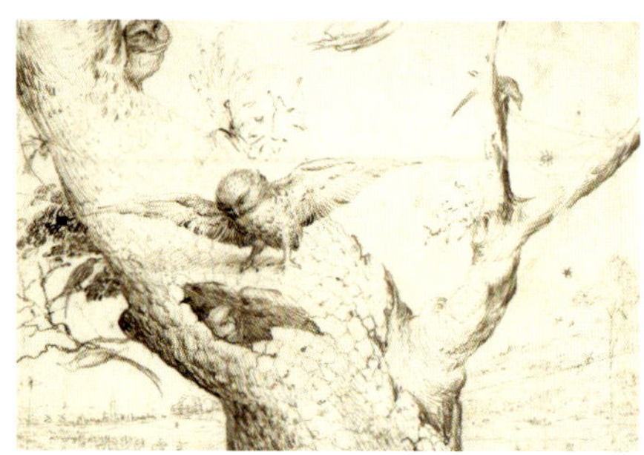

Nido de lechuzas
Pluma y bistre, 14 x 19,6 cm
Róterdam, Museo Boijmans Van Beuningen

hechos aparecen grabados cerca del extremo superior, en una inscripción del salmo 33,9: «Ipse dixit et facta sunt, ipse mandavit et creata sunt»: «Porque Él dijo, y fue hecho; Él mandó, y así fue». La luz se ha separado de las tinieblas; las oscuras nubes de lluvia, que emergen de las aguas brumosas inferiores, forman cúmulos sobre la tierra árida. De la superficie húmeda están brotando ya los árboles, a la vez que surge una curiosa vegetación, mitad vegetal, mitad mineral, que anticipa la flora exótica del interior. Es la Tierra en el tercer día de la creación. Más aún, la Tierra de forma plana (cuando se pintó este cuadro se conocía hacía ya tiempo su forma esférica) se encuentra como dentro de una esfera de cristal (las luces reflejadas indican su curvatura), por así decir bien guardada; pero los oscuros colores que dominan todo el tema no auguran precisamente un futuro prometedor.

En el interior del ala izquierda, los tonos grisáceos y marrones ceden su lugar a los colores brillantes; aquí tienen lugar los últimos tres días de la Creación. La Tierra y las aguas han dado a luz gran profusión de criaturas vivientes, incluyendo una jirafa, un elefante y algunos animales totalmente de fábula como el unicornio. En el centro se eleva la Fuente de la Vida, una estructura delgada y alta, de color rosa, que semeja un tabernáculo gótico delicadamente tallado. Las gemas preciosas, que destellan en el lodo de su base, y algunos de los animales fantásticos probablemente se inspiren en las descripciones medievales de la India, cuyas maravillas habían fascinado a Occidente desde los tiempos de Alejandro Magno, y en donde, según las creencias populares, se situaba el paraíso perdido del Edén.

En un primer plano de este paisaje antediluviano no vemos la tentación ni la expulsión del Paraíso de Adán y Eva, como en *El carro de heno*, sino su unión por Dios. El Creador toma a Eva de la mano, y se la presenta a Adán, quien acaba de despertar y al parecer contempla esta creación, que ha surgido de su costilla, con una mezcla de sorpresa y de expectación. Dios mismo tiene un aspecto mucho más juvenil que el creador de barbas blancas que aparece en el anverso; hay que verlo como Jesucristo, la segunda persona de la Trinidad y la encarnación del Verbo Divino (Juan 1,14). El enlace de Adán y Eva por un Dios joven ilustra el momento en el cual Él los bendijo, diciendo (Génesis 1,28): «Creced y multiplicaos; llenad la Tierra». Sin embargo, sobre el Paraíso no solo hay bendición; este mundo al parecer idílico conoce —en contra del relato del Génesis— ya la ley del más fuerte. Sobre todo algunas de las figuras de animales en miniatura que pueden verse en el primer plano practican esta lucha por la supervivencia que forma parte del destino, de la naturaleza después del pecado original, esas crueldades y maldades, ese golpear, herir y matar que lleva a la mayoría de la humanidad a la corrupción no solo física, sino también moral… y a ese Juicio Final que se desarrolla con todos sus horrores en el interior del ala de enfrente.

El sueño afrodisíaco del jardín de las delicias, en la tabla central, cede su puesto a la realidad de pesadilla que se muestra en el interior del ala de la derecha. Es la visión más violenta del Infierno que plasmó El Bosco. Los edificios no solo arden sino que estallan contra el fondo lóbrego; sus reflejos encendidos convierten en sangre el agua en sus cimientos. En el primer plano, un conejo lleva a su víctima sangrante suspendida de una pértiga, motivo que se encuentra también en otras escenas infernales de El Bosco; pero en este caso la sangre sale del vientre, como si fuera una fuente. La conversión de las presas en cazadores expresa claramente el caos que existe en el Infierno, en donde están invertidas las relaciones normales del mundo. Esto se expresa en forma aún más dramática mediante objetos cotidianos e inocuos que alcanzan proporciones monstruosas

Monstruo con cabeza de pájaro
Detalle de la mitad inferior del postigo derecho con la representación del Infierno en *El jardín de las delicias* (il. pág. 53)
Madrid, Museo del Prado

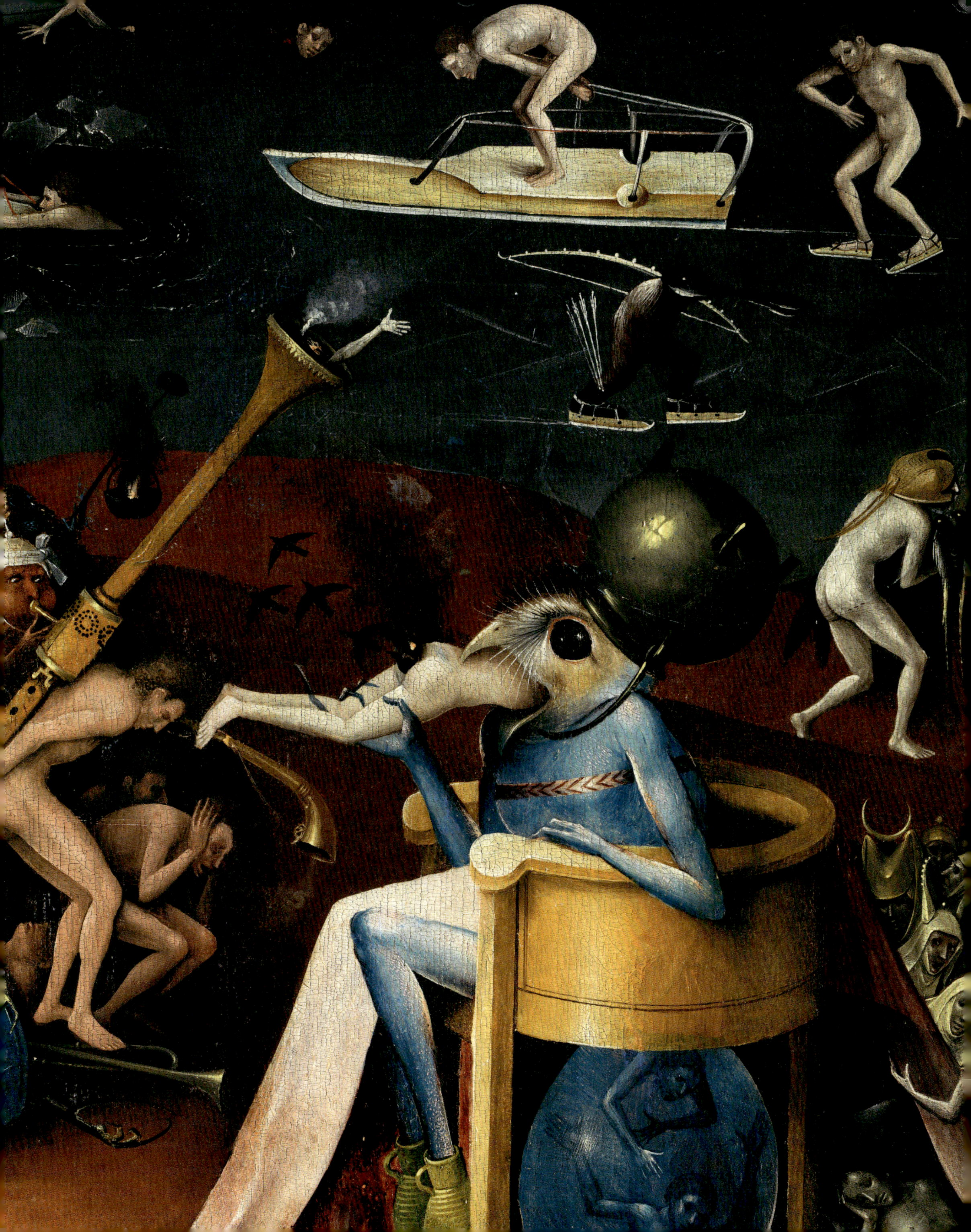

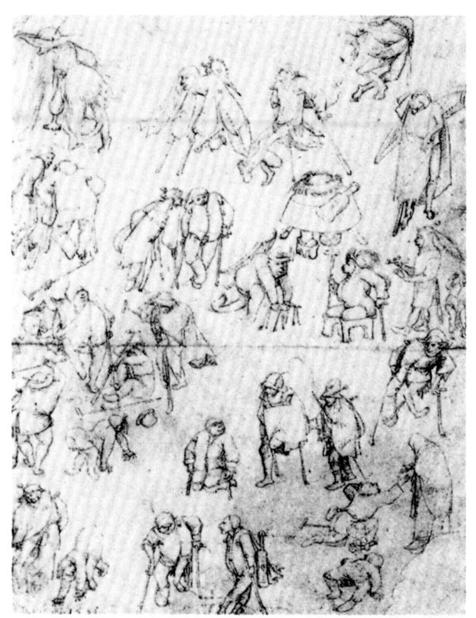

Imitador de El Bosco
(también atribuido a Pieter Brueghel el Viejo)
Mendigos
Pluma y bistre, 28,5 x 20,5 cm
Viena, Albertina, colección gráfica

y sirven como instrumentos de tortura, comparables a las frutas y a los pájaros de dimensiones gigantescas que aparecen en la tabla central. Los demonios han atado a una figura desnuda al mástil de un laúd; otro individuo está enredado entre las cuerdas de una arpa, mientras que una tercera alma ha sido introducida dentro del cuello de un gran instrumento de viento. Sobre el lago helado del primer plano puede verse a un hombre balanceándose inseguro sobre un patín inmenso y dirigirse directamente hacia un agujero en el hielo, donde un compañero ya está luchando en el agua gélida. Este episodio se hace eco de lo que sucede —según la expresión tradicional— cuando «se patina sobre hielo poco espeso». Un poco más arriba, se ha introducido a un grupo de víctimas dentro de un farol ardiente, que los consumirá como polillas, mientras que, del lado opuesto, otra alma se bambolea del tirador de la cerradura de una puerta. Por detrás, un par de orejas gigantes avanza como si fuera una especie de tanque infernal, a la vez que va inmolando con un gran cuchillo a quienes salen a su paso.

El foco del Infierno, que ocupa una posición análoga a la de la Fuente de la Vida en el ala del Jardín del Edén, es el denominado hombre-árbol, cuyo torso en forma de huevo descansa sobre un par de troncos arbóreos putrefactos, que finalizan en unos botes a modo de zapatos. Como ha perdido la parte trasera, se puede ver la escena infernal que se desarrolla en sus entrañas, mientras que su cabeza sostiene un gran disco, sobre el cual pasean bastantes demonios con sus víctimas, en torno a una enorme gaita. La cara gira por encima del hombro para mirar con cierta melancolía la disolución de su propio cuerpo. En un dibujo que se encuentra actualmente en la Albertina de Viena (il. pág. 6), El Bosco diseñó un hombre-árbol similar, si bien de menor intensidad. El significado de esta figura enigmática y trágica no está esclarecido satisfactoriamente, pero El Bosco nunca creó otra imagen que evocara la cualidad irreal y metamorfoseada de un sueño de forma tan acertada como en esta silueta, imitada y parafraseada en innumerables ocasiones.

En contraposición, el monstruo con cabeza de pájaro del ángulo inferior derecho parece bastante más sólido; engulle las almas malditas para defecarlas en un orinal transparente, desde el cual caen a un pozo situado debajo (il. pág. 57). Alrededor del pozo pueden identificarse otros pecados. Los demonios visitan al individuo perezoso en su cama; el glotón es obligado a vomitar su comida, mientras que la dama orgullosa se ve forzada a tener que admirar sus encantos a través de la imagen que se refleja en las nalgas de un diablo. Se sabía que de la lujuria, como de la avaricia, surgían otros pecados mortales; de hecho, estaba considerada como reina y origen de todos los vicios. El caballero que ha sido derribado por una jauría, a la derecha del hombre-árbol, es culpable, muy probablemente, del pecado de la ira, quizá también del de sacrilegio pues —como la figura desnuda que va montada sobre una vaca en *El carro de heno*— sostiene un cáliz en su mano armada. El grupo tumultuoso de la derecha sufre por los excesos que se relacionan con el juego y las tabernas.

Una y otra vez encontramos referencias a la lujuria: se la castiga en el ángulo inferior de la derecha, en donde una marrana amorosa, con una toca de monja sobre la cabeza, trata de persuadir a su compañero —asimismo desnudo— a que firme el documento legal que tiene sobre su regazo. A su lado espera un monstruo con armadura, de cuyo pico cuelga un tintero. La lujuria es también el motivo central de los instrumentos musicales gigantes y de los cánticos corales que se ven en el primer plano, a la izquierda. Se han interpretado estas escenas, al igual que la gaita que aparece sobre la cabeza del hombre-árbol, como alegato contra los músicos ambulantes a los que se acusaba de ir de taberna en taberna

para, con sus canciones obscenas, excitar sexualmente a su público. Frecuentemente, los mismos instrumentos musicales tenían connotaciones eróticas; por
ejemplo, la gaita —que Brant denomina el instrumento de los necios— se encontraba entre los emblemas del órgano sexual masculino, mientras que tocar
el laúd podía significar sencillamente hacer el amor. Los moralizadores medievales solían llamar a la lujuria «la música de la carne», lo que también se refleja
en el músico de trompa larga que toca una serenata para los amantes en *El carro
de heno*. La música infernal de El Bosco es una música discordante, que contrasta
con la armonía de las esferas celestiales.

El jardín de las delicias es, sin duda alguna, la obra principal de El Bosco; el
maestro de Hertogenbosch no creó ninguna otra que expusiera la complejidad
de su pensamiento de un modo tan plástico. Por esta razón más que por cualquier otra, está justificado que se considere este tríptico como perteneciente
a una fase considerablemente avanzada de la carrera de El Bosco, en cualquier
caso posterior a 1500. La historia universal que aquí se escenifica y se presenta
como un hecho de historia de la salvación, quizá incluso continuada hasta una
utopía, comprende esa universalidad que irradian los programas de las fachadas
en las catedrales góticas y que también encontramos en los autos sacramentales.
Además, la obra de El Bosco responde al gusto renacentista por conceptos origi-
nales y alegorías intrincadas, cuyo significado total solo lo entiende un auditorio
limitado.

Las particularidades temáticas de *El jardín de las delicias* y *El carro de heno*
hacen pensar que estas obras no estaban destinadas a una iglesia o un convento, sino a laicos de la alta sociedad. Como cliente de *El jardín de las delicias* se
puede pensar con probabilidad en Enrique III de Nassau; en cualquier caso, está
demostrado que varias obras de El Bosco se encontraban en posesión de nobles
de Borgoña. Los literatos flamencos, reunidos en círculos de retórica, y los círculos cortesanos de Bruselas y de Malinas gustaban de enigmas eruditos, muchas
veces de naturaleza moralizante. Es fácil de imaginar que esos círculos se entu-
siasmaron por el arte de El Bosco.

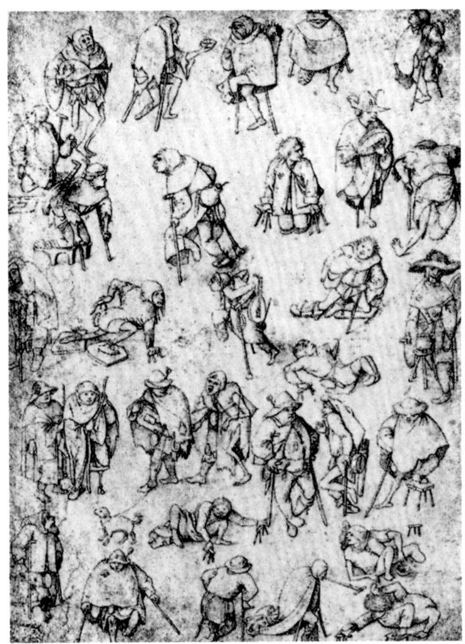

Imitador de El Bosco
(también atribuido a Pieter Brueghel el Viejo)
Mendigos e inválidos
Pluma y bistre, 26,4 x 19,8 cm
Bruselas, Bibliothéque Royale Albert I,
Gabinete de Estampas

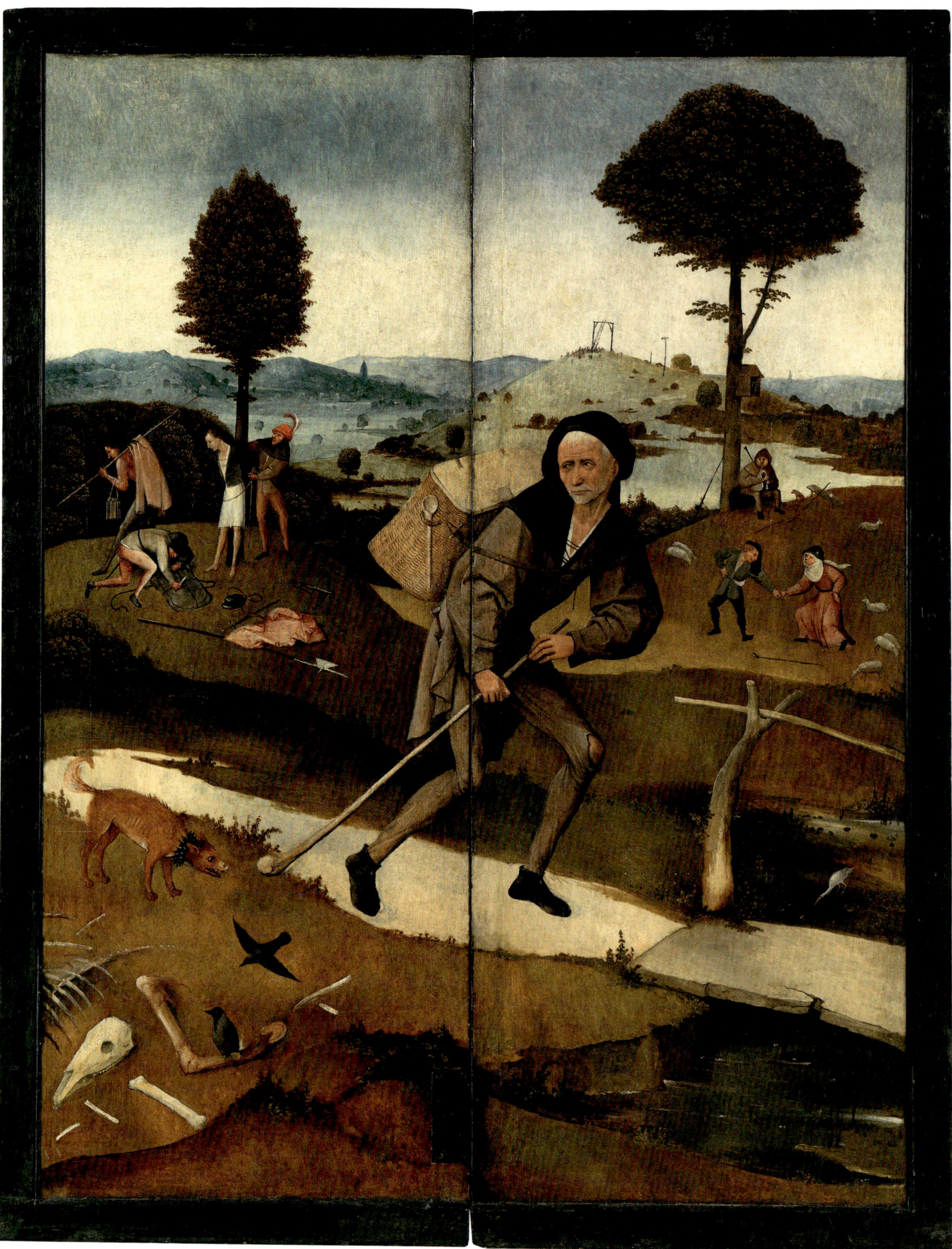

La vida como peregrinaje

El peregrino (El buhonero)
Reversos de los postigos del tríptico
El carro de heno
Óleo sobre tabla, 135 x 100 cm
Madrid, Museo del Prado

El carro de heno y *El jardín de las delicias* —este, en cualquier caso, en las escenas de las alas— muestran cómo la humanidad ha sido atrapada por sus eternos enemigos: el mundo, el demonio y la carne. La precaria situación en la que se encuentra el alma humana en esta vida se representó nuevamente, si bien desde otro punto de vista, en la parte exterior de los postigos de *El carro de heno* (il. pág. 60). La calidad de estas tablas es inferior a la del interior del tríptico; probablemente fueron terminadas por ayudantes del taller, pero el planteamiento se puede atribuir personalmente a El Bosco.

El primer plano está ocupado por un individuo demacrado, de edad madura y vestiduras desgastadas, que lleva un cesto de mimbre a sus espaldas; viaja a través de un terreno amenazador, mientras un perro vagabundo y feo lo persigue de cerca, gruñendo. En el ángulo inferior izquierda, aparecen una calavera y varios huesos desparramados por el suelo. A la vez, el puente que está por pisar parece realmente muy frágil. Al fondo, unos bandidos han asaltado a otro viajero y lo están atando a un árbol, mientras que los campesinos danzan, a la derecha, al son de una gaita. A lo lejos, un conjunto de personas se ha reunido alrededor de una horca, que está en las inmediaciones de un poste alto coronado por una rueda, el cual se usaba para exhibir a los cadáveres de los criminales que habían sido ejecutados.

Un paisaje lleno de actos de violencia similares se extiende también detrás de Santiago, en el ala exterior de *El Juicio Final* de Viena (il. pág. 32), pues Santiago era el patrono de los peregrinos, que invocaban su protección contra los peligros de los caminos. Sin embargo, en la Edad Media —según el Padre de la Iglesia san Agustín— todo el mundo era, en principio, un peregrino en la Tierra, un desterrado que busca la patria perdida.

El peregrino de El Bosco sigue su camino a través de un mundo traicionero, cuyos peligros aparecen por todo el paisaje. Algunos de los peligros son físicos, como los ladrones o el perro gruñón, a pesar de que este último puede simbolizar la difamación, que solía compararse con el ladrido de los perros. Sin embargo, los campesinos bailando tienen una connotación de peligro moral, al igual que los amantes que están en la parte superior de la carreta de heno; estos han sucumbido ante la música de la carne. Al expresar los peligros que acechan a toda la humanidad, el peregrino se parece al «Everyman» inglés o a sus correspondientes holandeses y alemanes, Elckerlijc y Jedermann; es decir, a un «cualquiera», cuyos peregrinajes espirituales son tema de las obras ejemplares de la época.

Unos años más tarde, El Bosco volvió a representar este peregrino en una inolvidable pintura circular (el tondo, integrado ahora en un octógono, se compone de dos tablas individuales, que fueron en su día las alas exteriores de un tríptico) que se conserva actualmente en Róterdam, situándolo en esta ocasión delante de uno de los paisajes de mayor delicadeza que jamás pintó (il. pág. 63). Las suaves dunas de la derecha y las tonalidades apagadas de gris y amarillo son una forma de reproducir con gran sensibilidad la campiña holandesa después de la lluvia. En realidad no es necesario relacionar este motivo con la parábola del hijo pródigo. La andrajosa figura se parece muchísimo al peregrino del «carro de heno», si bien aquí está todavía más consumido y más pobremente vestido. Si se observa con mayor detenimiento llaman la atención otras diferencias: al margen del perro que enseña los dientes —que también puede ser una alusión a la difamación—, los peligros del mundo son aquí predominantemente espirituales. Se manifiestan sobre todo en la taberna de la izquierda, cuyas condiciones decadentes se corresponden con la ropa desgarrada del viajero. En general, El Bosco emplea la taberna como símbolo del demonio y el mundo; el status especialmente dudoso de este garito queda claro al ver al hombre orinando a la derecha y a una pareja abrazándose en el portal. Otra habitante de la casa mira curiosa desde una ventana derruida.

El cliente al que espera la segunda mujer bien podría ser el mismo viajero desastrado, en el que algunos intérpretes ven sencillamente a un vendedor ambulante. Como Bax notó con agudeza, el caminante no acaba de salir de la taberna, sino que está de paso en su viaje; ahora bien, se detiene en el camino, como si se hubiera sentido seducido ante la posibilidad de placeres que le sugiere la taberna. Bax supone además que las vestiduras del viajero y los diversos artículos que lleva consigo son una alusión simbólica a su pobreza, a las tendencias pecaminosas que lo condujeron hasta su condición actual y a su disposición para sucumbir una vez más frente a la tentación. Realmente, El Bosco transformó el gesto defensivo del peregrino de *El carro de heno* en una actitud de titubeo; el viajero gira su cabeza hacia la taberna con una expresión de tristeza, casi de anhelo.

En el tondo de Róterdam, El Bosco expresa las alternativas morales de una forma menos explícita, aunque se reconocen. A pesar de que el viajero camina arrastrando los pies y mira hacia atras, en dirección a la taberna, su camino lleva a una puerta, que se abre a la campiña holandesa. Frente al entorno cargado de violencia de los postigos de *El carro de heno*, el fondo no contiene incidentes sospechosos y, excepto la lechuza que está encaramada sobre una rama seca por encima de la cabeza del viajero (y que, sin embargo, no solo puede significar algo peyorativo, sino también las virtudes de la prudencia y la cautela), tampoco existen símbolos visibles del mal. De este modo, probablemente haya que ver en la puerta y los campos un momento de la conversión espiritual, una alusión a Jesucristo, quien en Juan 10, 9 se refiere a sí mismo diciendo: «Yo soy la puerta; si alguno entra a través de mí, se salvará; y entrará y saldrá y encontrará pastos». Los expertos aseguran que el tondo, antiguamente dividido en las alas exteriores de un tríptico, formaba un retablo con *La nave de los locos* del Louvre (il. pág. 29) y la *Alegoría de la lujuria y la gula* (il. pág. 31; ambos en el postigo interior izquierdo), así como *La muerte del avaro* de Washington (il. pág. 30; postigo interior derecho), además de una tabla central, que se habría perdido.

A diferencia de la versión de Róterdam, la figura del peregrino en el lado exterior del tríptico de *El carro de heno* parece indiferente desde el punto de vista moral: no se aprecian tendencias ni buenas ni malas. Por el contrario, el peregrino del tondo de Róterdam, quien no se ve amenazado —como aquel— por

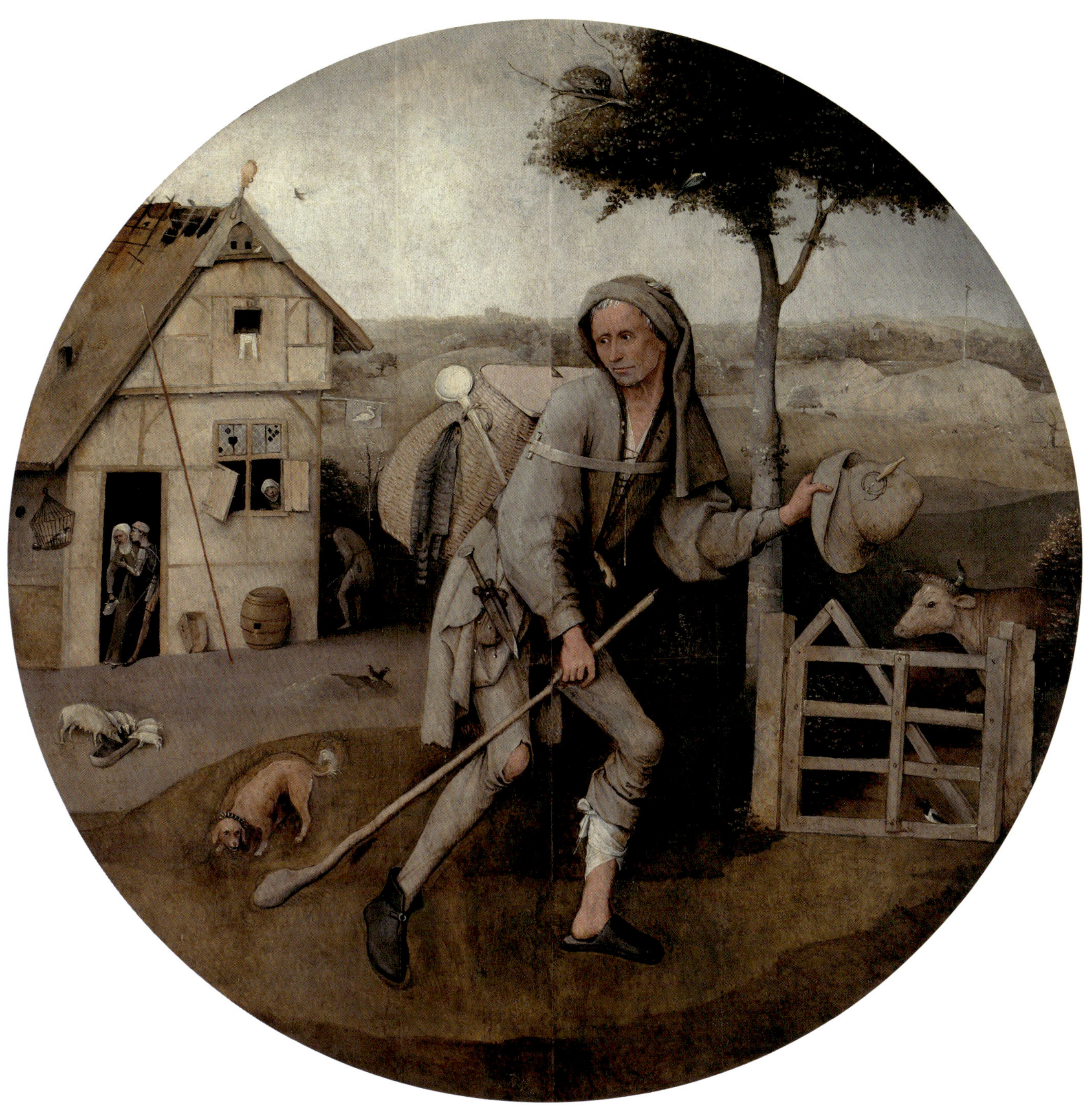

peligros externos, está acechado sobre todo moralmente. Un profundo pesimis-
mo acerca de la condición humana predomina en un par de paneles pequeños
—posiblemente los postigos de un antiguo retablo—, que se hallan asimismo en
Róterdam (il. págs. 64-65). Al dorso de las tablas, El Bosco pintó cuatro pequeñas escenas monocromáticas, que muestran a demonios persiguiendo a seres
humanos: malos espíritus se apoderan de una granja y expulsan a sus morado-
res; derriban a un labrador de su caballo y asaltan a un viajero desprevenido.
Solo en la cuarta escena, el alma cristiana encuentra asilo: se arrodilla delante
de Jesucristo, mientras que un compañero recibe de un ángel un manto blanco,
como se describe en Apocalipsis 6, 11.

El peregrino (Tondo) (también: *El hijo*
pródigo), hacia 1500 o posterior
Óleo sobre tabla, diámetro: 71,5 cm
Róterdam, Museo Boijmans Van Beuningen

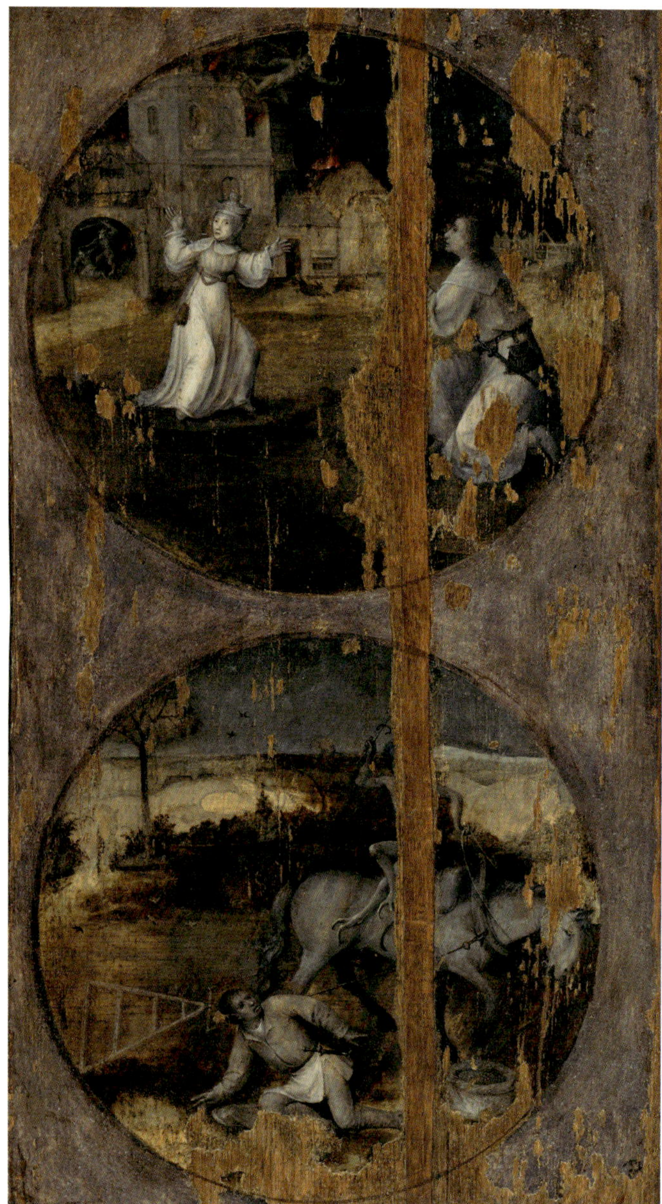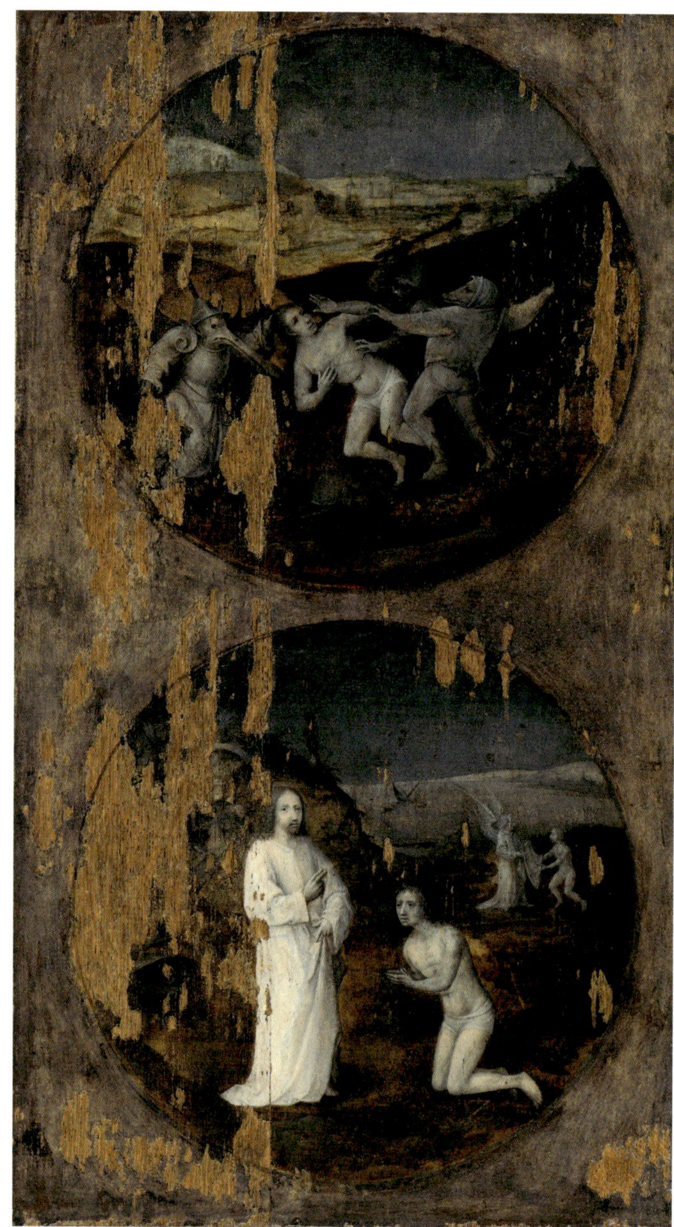

Dos postigos de un tríptico con escenas
del Infierno y el diluvio universal (en cada
uno de los reversos, dos medallones con escenas
bíblicas o parábolas), hacia 1514 o posterior
Róterdam, Museo Boijmans Van Beuningen

La humanidad acosada por demonios
(Exorcismo; sembrador y demonio)
Óleo sobre tabla, diámetro: 32,4 cm cada uno

La humanidad acosada por demonios
(El alma acosada por demonios;
el regreso del alma a Dios)
Óleo sobre tabla, diámetro: 32,4 cm cada uno

Si bien el miedo al demonio estuvo muy extendido durante toda la Edad
Media, en vida de El Bosco alcanzó una nueva dimensión. El dominico Heinrich
Kramer (Heinrich Institoris) codificó estas ideas en su tristemente famoso
Malleus Maleficarum, que se publicó en Núremberg en 1494. Este «Martillo de
Brujas» expone con una terminología escolásticamente precisa, y al mismo
tiempo con la más pérfida metodología investigadora, rastreando lujuriosamen-
te todas las perversiones sexuales posibles, la supuesta naturaleza de las brujas
y sus relaciones con el diablo, así como las opciones para reconocerlas y casti-
garlas adecuadamente. Este libro, que se difundió en docenas de ediciones, posiblemente inspiró también las pinturas del anverso de las dos tablas de Róterdam,
sin que por ello se pueda considerar a El Bosco partidario de esas instrucciones
de uso para las torturas y la quema en la hoguera. Aquí puede verse cómo los
ángeles rebeldes —ya convertidos en monstruos— caen en un paisaje desolado;

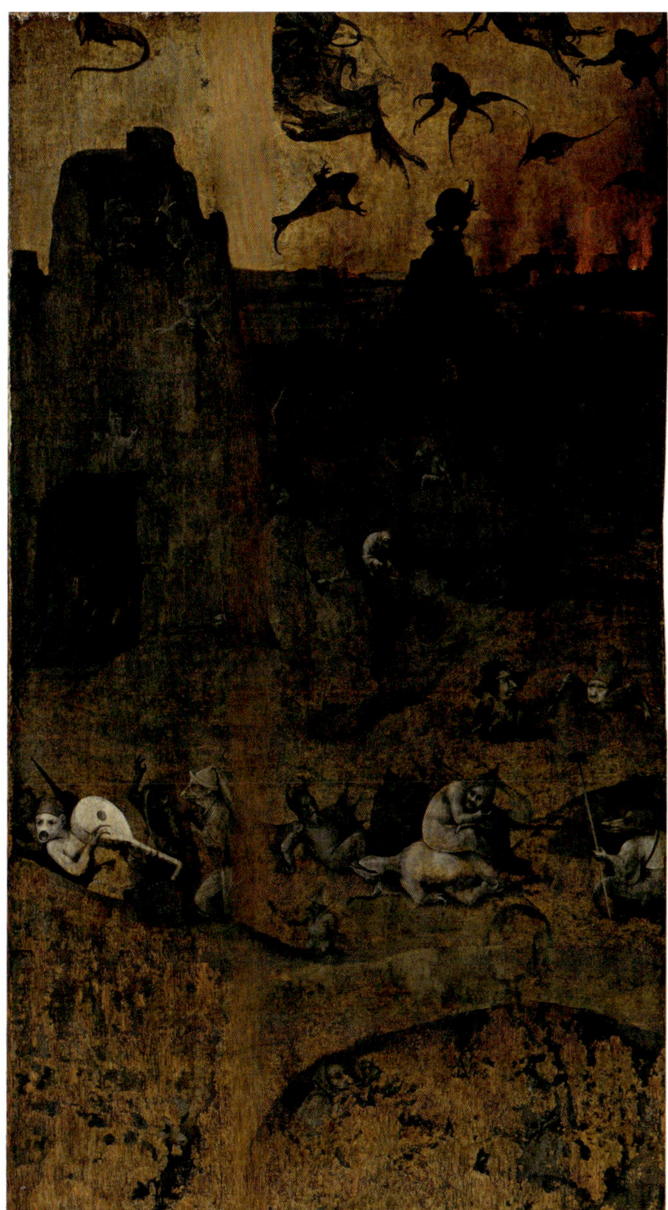 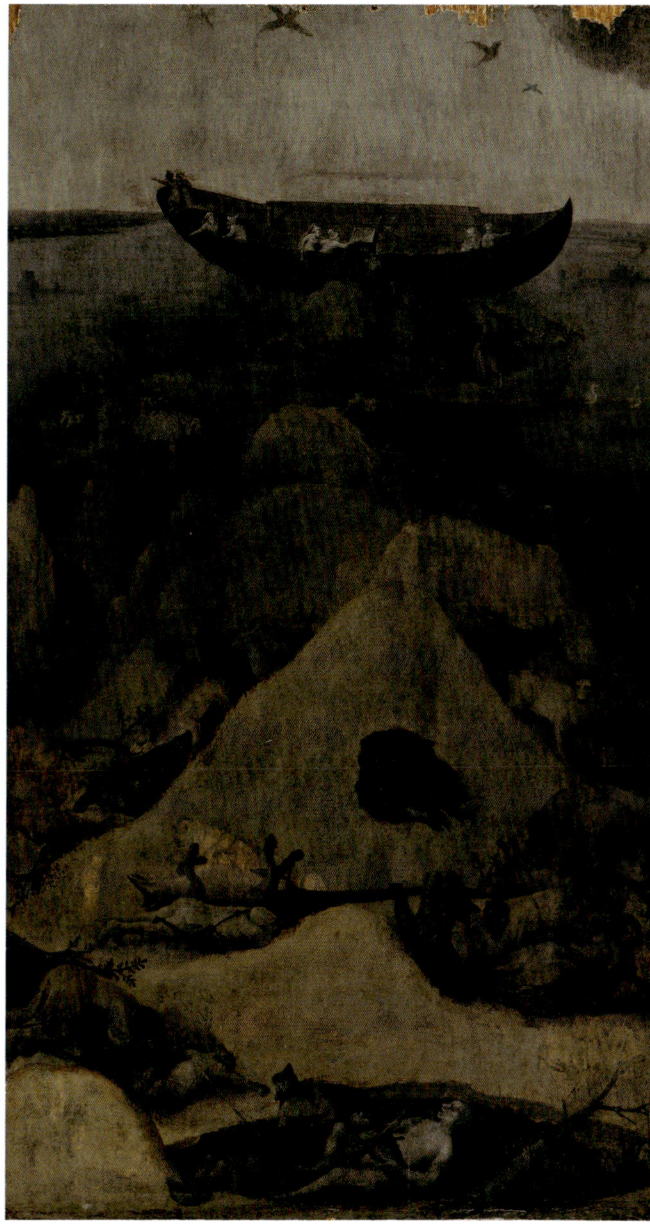

enfrente, salen del Arca de Noé —que ha desembarcado en el monte Ararat—
los animales por parejas, abriéndose paso hacia un paisaje devastado y cubierto
de cadáveres. En los tiempos de El Bosco, el triste espectáculo del pecado humano y de la necedad humana solo podía explicarse como expresión del demonio
y de sus seguidores, que trataban continuamente de arrastrar al género humano
a su perdición. Contra tan poderosos enemigos, ¿qué probabilidades tenía el
peregrino de alcanzar su morada? La respuesta de la iglesia medieval se puede
sintetizar en el título del libro de Tomás de Kempis: *Imitación de Cristo*. Si re-
nuncia al mundo y sigue el ejemplo de Jesucristo y de sus santos, el peregrino
puede tener la esperanza de que llegará al Paraíso a través de la noche oscura de
este mundo. Aunque El Bosco pintó muchos cuadros que reflejan la condición
trágica de la humanidad, produjo un número casi igual de pinturas que señalan
el camino hacia la salvación.

El Infierno
(Caída de los ángeles rebeldes)
Óleo sobre tabla, 69 x 36 cm

El diluvio universal
(El Arca de Noé en el monte Ararat)
Óleo sobre tabla, 69,5 x 38 cm

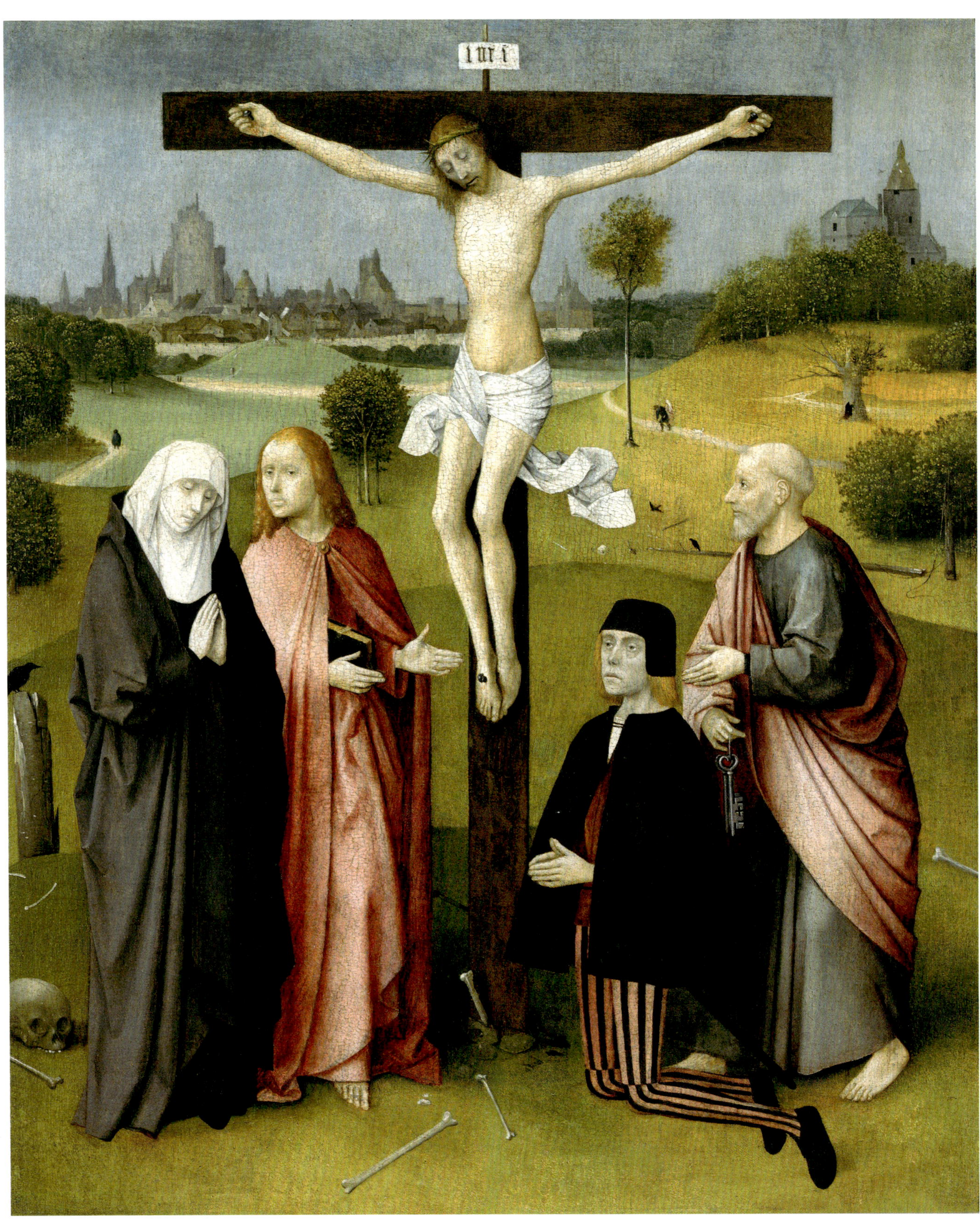

La imitación de Cristo

Si bien El Bosco aportó numerosos nuevos temas a la pintura neerlandesa, y debe precisamente parte de su fama a esta circunstancia, no se debe olvidar que más de la mitad de sus cuadros están dedicados a temas cristianos tradicionales: escenas de la vida de los santos y de Jesucristo, en especial los episodios de la Pasión. Como era de esperar, muchas de esas escenas cristológicas son bastante convencionales y obedecen a los estándares vigentes en el norte de Europa desde hacía ya varias generaciones. Como mucho, El Bosco supera sus modelos en intensidad de la expresión y en la composición escenográfica. Esto puede decirse, como hemos visto, de obras como la *Epifanía* de Filadelfia y el *Ecce Homo* de Fráncfort. Al representar a Cristo con la cruz a cuestas, El Bosco pintó ocasionalmente al buen ladrón confesándose ante un fraile o sacerdote —a esto también nos hemos referido ya—; pero este anacronismo era consecuencia de la costumbre, tan extendida en la Baja Edad Media, de situar la historia sagrada en un medio coetáneo. Varias de sus obras señalan que conocía la escuela flamenca, aunque sin encontrarse en una relación de dependencia directa respecto de ella. Por ejemplo, una representación del Nacimiento de Cristo, obra que se ha perdido, pero de la cual existe una buena copia en Colonia, recuerda las composiciones de Hugo van der Goes, cuya influencia también se puede notar en varias de las escenas de la Pasión, que se comentarán más adelante. También se puede apreciar la influencia de Dieric Bouts y sus discípulos, y según otros autores asimismo de Rogier van der Weyden, en el *Cristo crucificado* que se encuentra en Bruselas (il. pág. 66), muy mal conservado y bastante convencional desde el punto de vista compositivo, si bien El Bosco —con su habitual desenfado— sustituyó la tradicional vista de Jerusalén por las formas familiares de una sencilla ciudad holandesa: esa silueta sumergida en tonos grises y lavanda quizá sea incluso una vista de su ciudad natal, Hertogenbosch. La identidad del donante, con los llamativos pantalones de rayas, no se ha podido dilucidar.

No obstante, en una serie de importantes ejemplos, El Bosco trascendió notablemente los límites de los relatos bíblicos para representar el conflicto entre el bien y el mal como fenómeno suprahistórico. Ya tuvimos ocasión de observarlo cuando analizamos la taberna asediada por demonios, que sirve como escenario de *Las bodas de Canaá* (il. pág. 23). Van Mander describe una *Huida a Egipto*, hoy desaparecida, cuyo paisaje contenía una posada, que se encontraba asimismo poseída por demonios. Esta idea también inspiró uno de los trabajos realmente

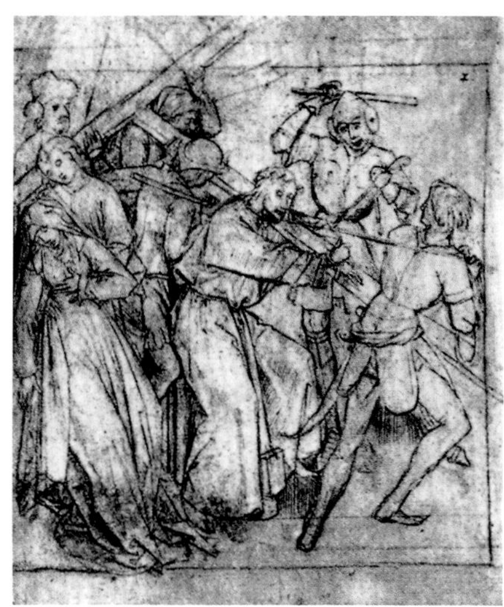

Artista belga-holandés
Cristo con la cruz a cuestas
Pluma, 23,6 x 19,8 cm
Róterdam, Museo Boijmans Van Beuningen

Cristo crucificado, hacia 1483 o posterior
Óleo sobre tabla, 70,5 x 59 cm
Bruselas, Musées Royaux des Beaux-Arts

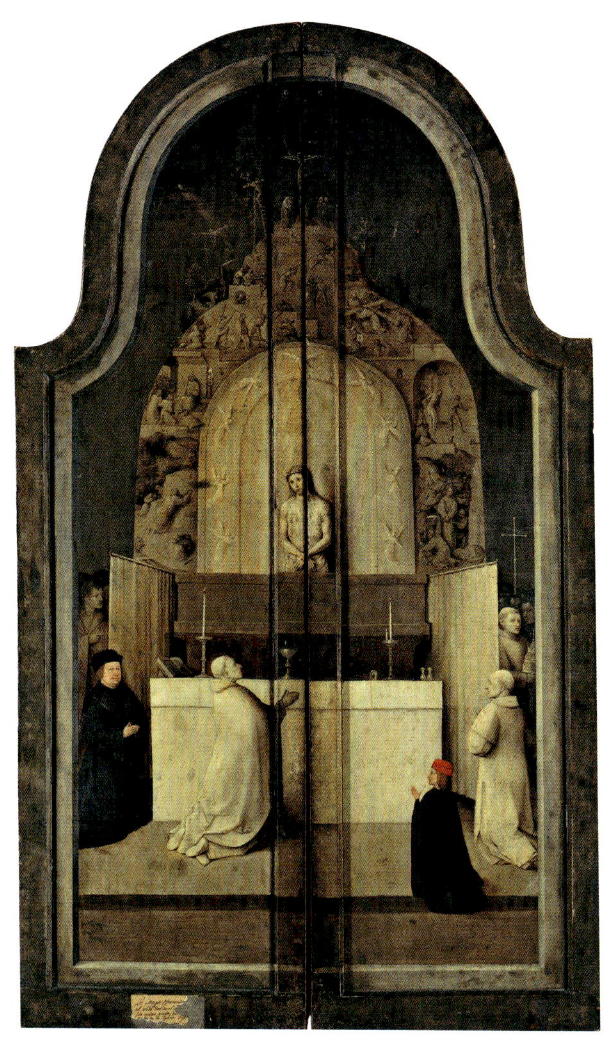

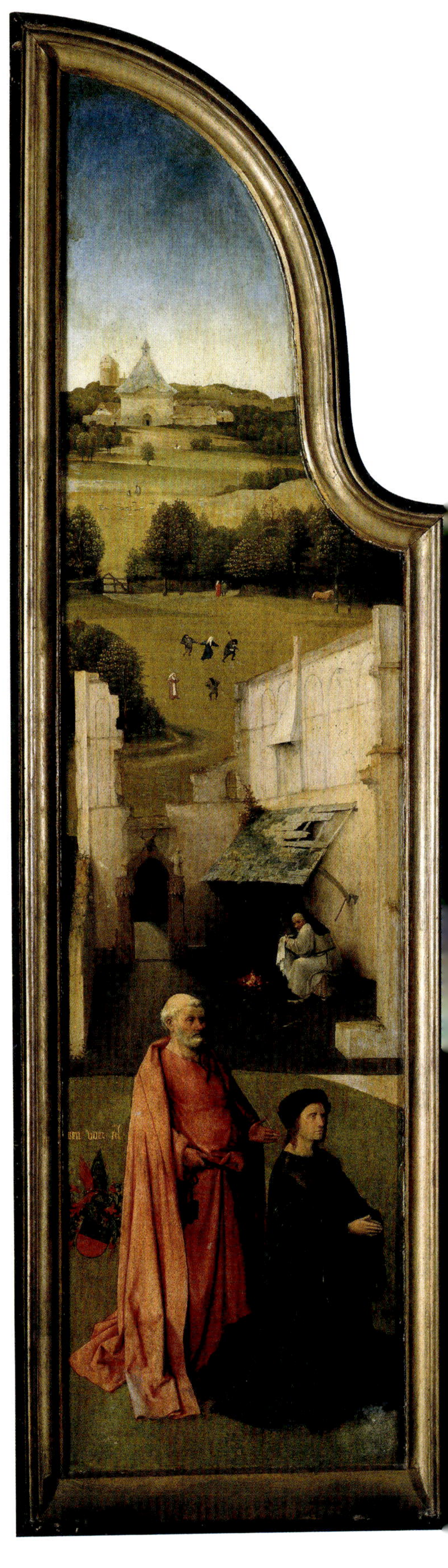

La misa de san Gregorio
Reversos de los postigos del tríptico
La Adoración de los Reyes Magos
Grisalla sobre tabla, 138 x 66 cm
Madrid, Museo del Prado

***Epifanía (La Adoración de los
Reyes Magos)***, hacia 1496/97
Óleo sobre tabla, 138 x 138 cm
Madrid, Museo del Prado

POSTIGO IZQUIERDO
Donante con san Pedro y José
Óleo sobre tabla, 138 x 33 cm

TABLA CENTRAL
La Adoración de los Reyes Magos
Óleo sobre tabla, 138 x 72 cm

POSTIGO DERECHO
Donante con santa Inés
Óleo sobre tabla, 138 x 33 cm

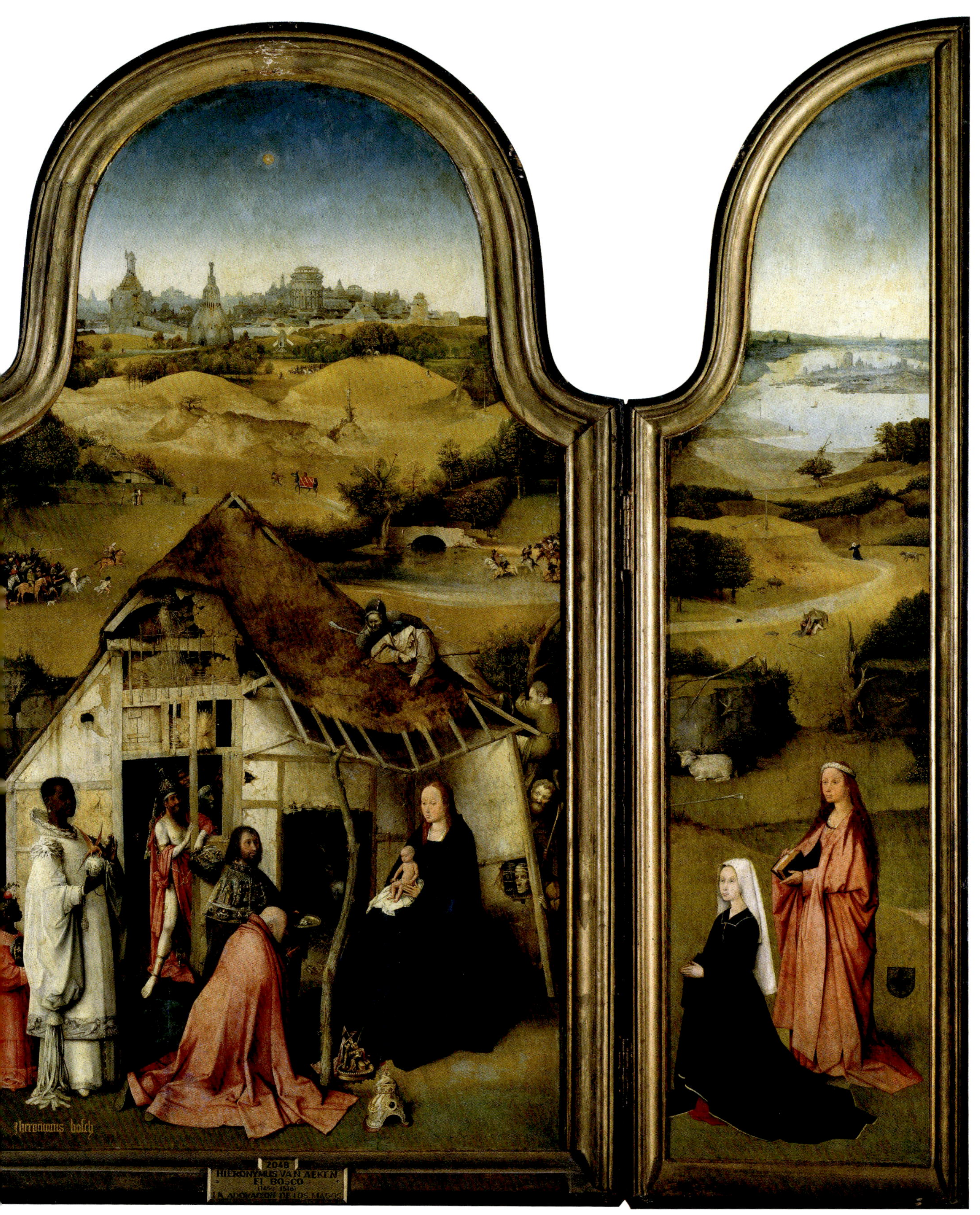

enigmáticos de El Bosco, el tríptico *La Adoración de los Reyes Magos*, que se conserva en el Museo del Prado (il. págs. 68-69).

En los postigos interiores de este retablo aparecen arrodilladas las figuras de los donantes, un hombre y una mujer, acompañados por sus santos patronos, san Pedro y santa Inés. Los escudos de armas que aparecen detrás de cada uno de ellos identifican la pareja como Peeter Scheyve († 1506) y su esposa Agnès de Gramme († 1497 o 1500). Esto permite datar la obra en 1496/97.

La tabla central, celebrada desde siempre por los amantes del arte como uno de los más bellos trabajos de El Bosco, está ocupada por la adoración del Niño Jesús por los tres Reyes Magos. Muchos detalles de la escena —entre ellos, el establo en ruinas y las suntuosas vestiduras de los Magos—, recuerdan la *Epifanía* de Filadelfia (il. pág. 13); pero aquí ha desaparecido el ambiente íntimo de aquella versión más temprana. En lugar de tender las manos impulsivamente hacia los Reyes, el Niño Jesús ahora está entronizado solemnemente en el regazo de su madre. La Virgen también ha adquirido una dignidad y una grandeza interior nuevas. Separados de las demás figuras por el techo en voladizo del establo, la Virgen y el Niño parecen una imagen devocional cerrada en sí misma, debajo de su baldaquino; los Magos se acercan al Niño con toda la gravedad propia de los sacerdotes en las ceremonias religiosas. El espléndido manto carmesí del rey mago que está de rodillas hace eco a la figura monumental de la Virgen. La intención de El Bosco de presentar un paralelismo entre el homenaje de los Reyes Magos y la la Santa Misa se manifiesta claramente en la ofrenda que ha colocado el rey más anciano a los pies de la Virgen: es una pequeña talla que representa el sacrificio de Isaac, una prefiguración del sacrificio de Cristo en la Cruz. Otros episodios del Antiguo Testamento aparecen en la valona trabajada del segundo rey: aquí se ve la visita de la reina de Saba a Salomón; en la esfera de plata que sostiene el rey moro, Abner ofrece su homenaje a David. En la *Biblia Pauperum* («Biblia de los pobres»), la biblia ilustrada más difundida en tiempos de El Bosco, se encuentran estas dos escenas como modelos veterotestamentarios junto a la imagen de la adoración de Cristo.

A la derecha, un grupo de campesinos se ha reunido alrededor del establo. Uno de ellos mira, con viva curiosidad, a través de un agujero del muro; uno se asoma por la esquina y otros trepan a la cubierta, para poder ver mejor a los extraños visitantes. Los pastores habían acudido al Niño Jesús ya en la noche de Navidad; pero en el siglo XV suelen aparecer de nuevo como espectadores en la Adoración de los Reyes. Sin embargo, en general muestran un comportamiento mucho más reverente que los labradores de El Bosco, cuyo desaliño contrasta fuertemente con el porte digno de los Magos.

El detalle más llamativo de *La Adoración de los Reyes Magos* es la figura que aparece de pie justamente a la entrada del establo, detrás de los Magos. Vestido únicamente con una camisa diáfana y un manto carmesí alrededor de las caderas, este personaje barbado lleva una especie de turbante; uno de sus brazos está adornado por un brazalete de oro, y un cilindro transparente cubre la ulcerosa llaga de un tobillo. Contempla al Niño Jesús con una sonrisa ambigua, pero las expresiones de varios de sus compañeros parecen claramente hostiles.

Por encontrarse dentro del establo desvencijado, símbolo tradicional de la Sinagoga, se ha querido ver en estas figuras entre extravagantes y grotescas, al margen de otras innumerables interpretaciones, a Herodes y sus espías, o al Anticristo y sus consejeros. A pesar de que ninguna de estas interpretaciones resulta muy convincente, los demonios que aparecen en forma de bordado sobre la tira de tela que cuelga entre las piernas de la figura principal sugieren claramente que

Cristo con la cruz a cuestas (grande), hacia 1500
Óleo sobre tabla de roble, 150 x 103 cm
Madrid, Real Monasterio de San Lorenzo
del Escorial

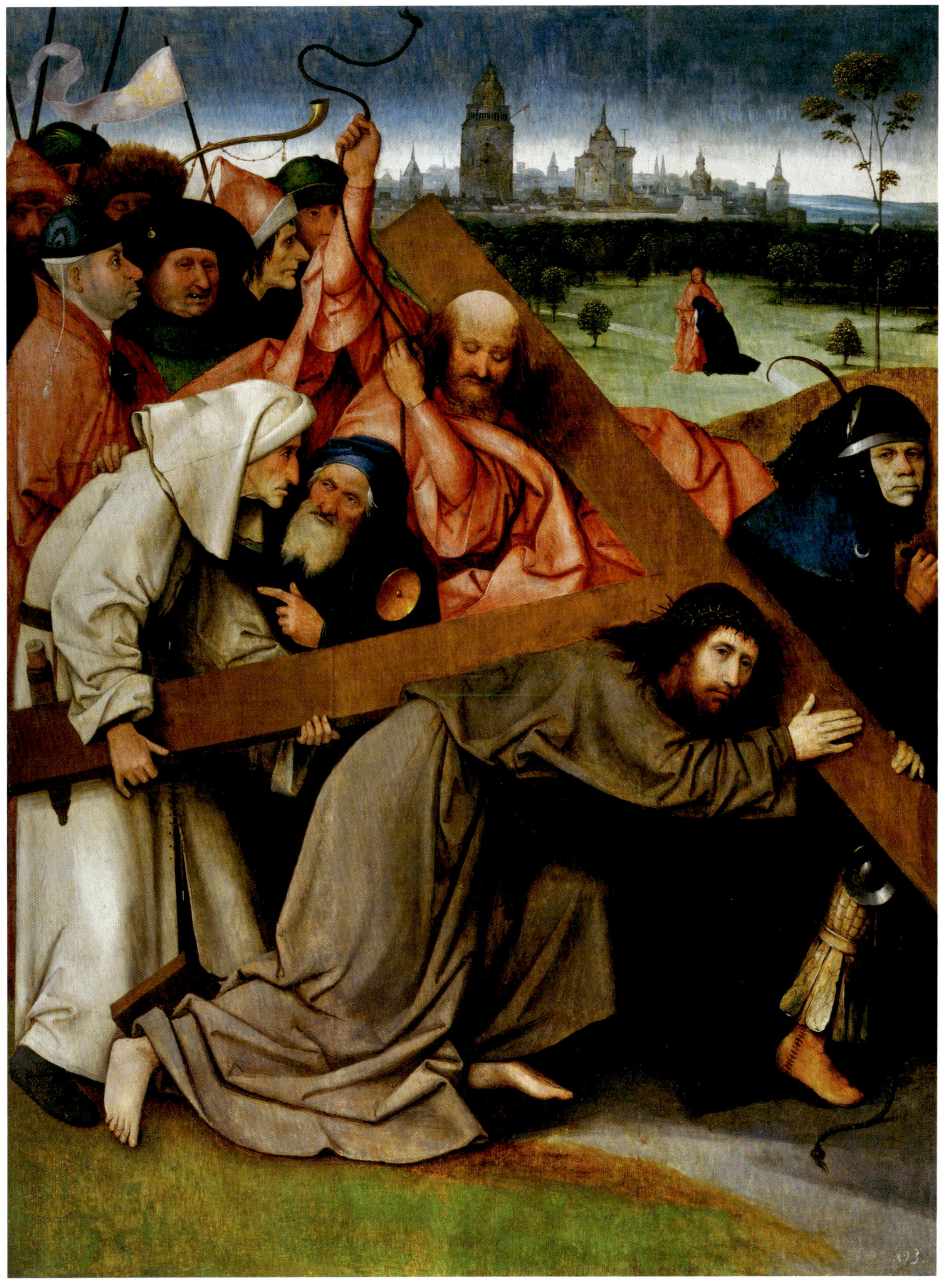

se ha asociado a esta con el poder de las tinieblas. Es posible apreciar una serie de formas similares en el objeto de gran tamaño que sostiene en una de sus manos; sorprendentemente, solo se puede tratar del casco del segundo rey; también se aprecian otros monstruos en las túnicas del rey moro y de su siervo. Probablemente, estos detalles demoníacos hacen referencia al pasado pagano de los Magos y las creencias medievales de que, antes de convertirse a Cristo, se habían dedicado a la brujería.

El establo y las personas allí presentes parecen ser origen de las fuerzas malévolas que contaminan todos los rincones del majestuoso paisaje, que se despliega panorámicamente y —lo cual es una característica muy moderna— sirve de paisaje de fondo continuo para las tres tablas. En el ala izquierda, unos demonios merodean cerca del portal en ruinas; delante de este y bajo una cubierta desvencijada, José aparece en cuchillas, solitario, delante del fuego. Los muros en ruinas que lo rodean son restos del palacio del Rey David, cerca del cual, según la creencia popular, había tenido lugar el Nacimiento; al igual que el establo, representan la Sinagoga, la Ley del Antiguo Testamento que pierde su validez con el advenimiento del Nuevo Testamento, con el nacimiento de Cristo. En el campo, unas figuras diminutas de campesinos danzan al son de una gaita, símbolo de la vida carnal, como hemos visto anteriormente. En el ala de la derecha, unos lobos atacan a un hombre y a una mujer, en un camino solitario. Detrás del establo, en la tabla central, los séquitos de dos de los Magos se pre-cipitan unos sobre otros, como ejércitos enemigos; las fuerzas del tercer rey —que, como dice una sentencia de 1487, se había preparado, del mismo modo que sus iguales, para recorrer el mundo con poder y luchar contra todo aquel que se le quisiera oponer— se detiene detrás de las dunas. En este paisaje suavemente ondulado se aprecian además una taberna abandonada y una deidad pagana. Incluso las lejanas murallas azul grisáceas de Jerusalén presentan ciertos elementos demoníacos: una pequeña cruz aparece inclinada, a la izquierda y las torres de vigilancia son arquitectónicamente similares a la ciudad de los demonios que aparece en *Las tentaciones de san Antonio*, hoy en Lisboa.

Durante siglos, la Epifanía había sido asociada directamente con la misa. Así como Cristo encarnado se apareció a los pastores y los Reyes Magos, sigue haciéndose presente a los creyentes bajo las formas del pan y del vino. En la *Epifanía* de Filadelfia, el Bosco había hecho alusión a la Eucaristía, al representar sobre la manga del rey moro la recolección del maná por los judíos, que en la exégesis cristiana se considera una prefiguración de la Última Cena. Sin embargo, la relación entre la Epifanía y la Eucaristía se establece en forma más explícita en los anversos de los postigos del tríptico *La Adoración de los Reyes Magos* del Prado: una representación de la misa de san Gregorio (il. pág. 68). La representación, en tonos marrones y grisáceos, es prácticamente monocromática, con excepción de los dos donantes masculinos, que se reproducen en sus colores naturales. Tal vez representen a padre e hijo; pero fisonómicamente no se puede identificar a ninguno de los dos con el patricio del ala interior de la izquierda.

La leyenda de la misa de san Gregorio tiene relación con un milagro eucarístico que solo hacia finales de la Edad Media se atribuyó al papa Gregorio Magno (hacia 540-604): en una ocasión, cuando Gregorio estaba celebrando la misa, un acólito dudó que Jesucristo estuviese realmente presente en la Hostia. Jesucristo escuchó las súplicas del papa de enviar una señal del Cielo que refutara al incrédulo: el mismo Jesucristo apareció sobre el altar, rodeado por los instrumentos de la Pasión y exhibiendo sus heridas. El Bosco representa este milagro

La coronación de espinas,
hacia 1490 o posterior
Óleo sobre tabla, 73,7 x 58,7 cm
Londres, National Gallery

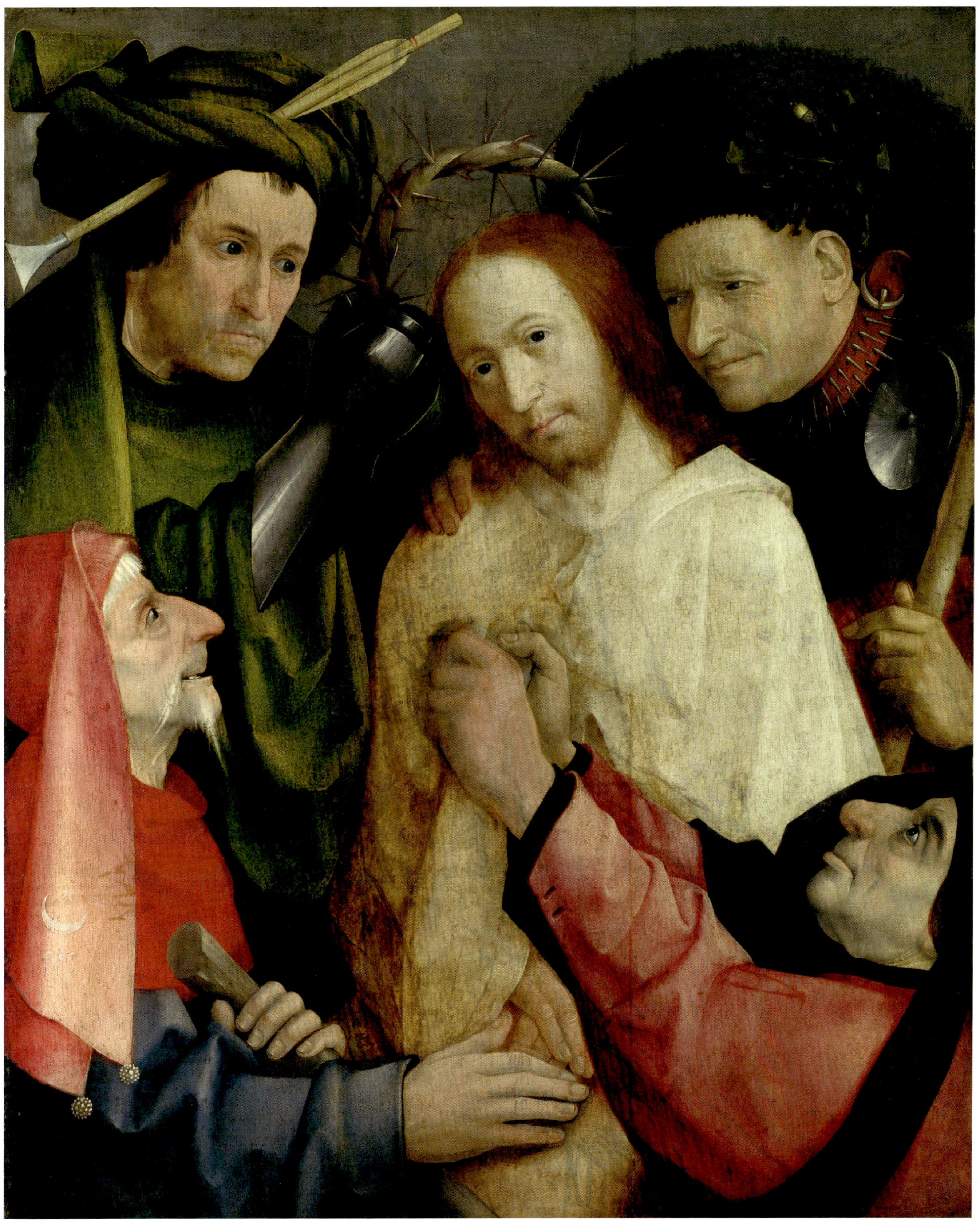

bajo la forma de un diálogo espiritual entre el Papa arrodillado y Jesucristo, que aparece alzándose de un sarcófago sobre el altar, que los espectadores situados detrás del altar no pueden ver, pero cuya presencia es advertida intuitivamente por el acólito y por ambos donantes.

Los elementos básicos de esta composición, la disposición del altar, frontal y paralela a la composición, el sarcófago que ocupa el centro y el retablo en forma de arco, que oscila extrañamente entre marco arquitectónico y lugares paisajísticos, los tomó El Bosco probablemente de un grabado realizado por Israel van Meckenem en la década de 1480. Sin embargo logró darle un carácter monumental, que estaba ausente en su modelo, al bajar el punto de vista y aumentar la distancia entre Gregorio y su visión; además, en lugar de los instrumentos usuales de la Pasión («arma Christi») presenta aquellos episodios bíblicos en los que cada uno de ellos ejerció su función de tortura. Estas escenas, que comienzan con Cristo en Getsemaní, se continúan hasta el vértice del retablo marco, que se transforma en el monte Gólgota. Al mismo tiempo, el espacio real de la iglesia se convierte en un cielo atmosféricamente estructurado, en el que se introduce escénicamente la Crucifixión. La visión de san Gregorio llena, por tanto, toda la iglesia; en lugar de la bóveda vemos un cielo nocturno nublado, del cual desciende un ángel para recibir el alma del buen ladrón. No obstante, un cambio espeluznante respecto de la iconografía tradicional hace reemplazar al mal ladrón por el suicidio de Judas Iscariote, cuyo cuerpo sin alma pende de un árbol, en el despeñadero de la derecha, mientras que un diablo negro se lleva su alma. En este detalle, El Bosco alude una vez más al conflicto existente entre la Iglesia y la Sinagoga, recordando al observador que la traición de Judas precipitó los acontecimientos de la Pasión y la muerte de Jesucristo.

En comparación con este tríptico de *La Adoración de los Reyes Magos*, cuya sutilidad iconográfica solo se ve superada por *El jardín de las delicias* y *Las tentaciones de san Antonio* de Lisboa, las escenas de la Pasión que El Bosco pintó en la madurez y durante su años tardíos son más inequívocos y más fáciles de descifrar. Una de ellas es *Cristo con la cruz a cuestas*, del Palacio Real de Madrid (il. pág. 71).

Jesucristo domina el primer plano, casi aplastado por la pesada cruz, que el anciano Simón Cireneo trata esforzadamente de quitarle de la espalda. Los horribles rostros de sus ejecutores forman una masa que se encumbra al lado izquierdo; a lo lejos, la Virgen, anegada en dolor, se desploma en los brazos de Juan el Evangelista. Mientras que la composición anterior de El Bosco sobre este tema, que se encuentra actualmente en Viena (il. pág. 19), narra prolijamente, la versión de Madrid es más concentrada: Jesucristo no atiende a sus torturadores, sino que mira directamente al espectador, lo que proporciona a la composición la sugestión de ser una imagen devocional fuera del tiempo. Según opinan algunos críticos, quizás El Bosco equiparó a los verdugos históricos de Jesucristo con todo el género humano, cuya perversidad cotidiana continuará martirizando a Cristo mientras siga existiendo el mundo.

Simón de Cirene fue forzado por los soldados a cargar con la cruz de Jesucristo; durante siglos, los cristianos piadosos que trataban de emular al Salvador en sus propias vidas habían soportado los ataques de este mundo con la misma paciencia y resignación con las que Cristo sufrió su Pasión. Los místicos y moralizadores, o también Tomás de Kempis, no se cansaban de repetir que los sufrimientos temporales purifican el alma del mismo modo que el fuego templa el acero y acrisola el oro. El Bosco siguió desarrollando el concepto del Vía Crucis y de la imitación de Cristo en una serie de escenas de medio cuerpo referidas a

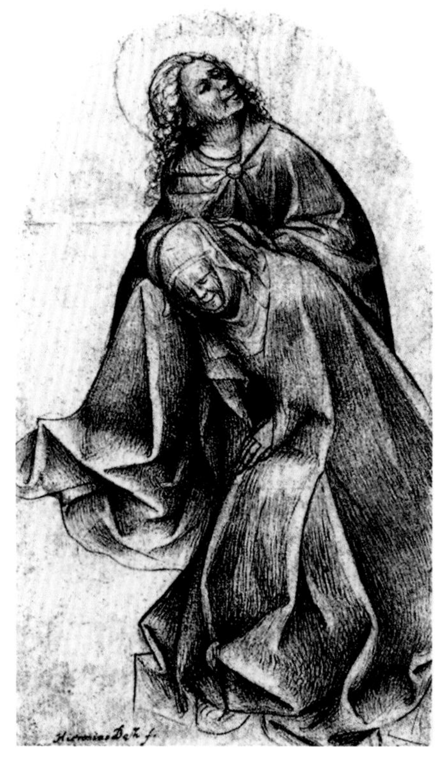

Artista holandés o austriaco
María y Juan al pie de la cruz, hacia 1440
Pincel, 30,3 x 17,3 cm
Dresde, Gabinete de Calcografías

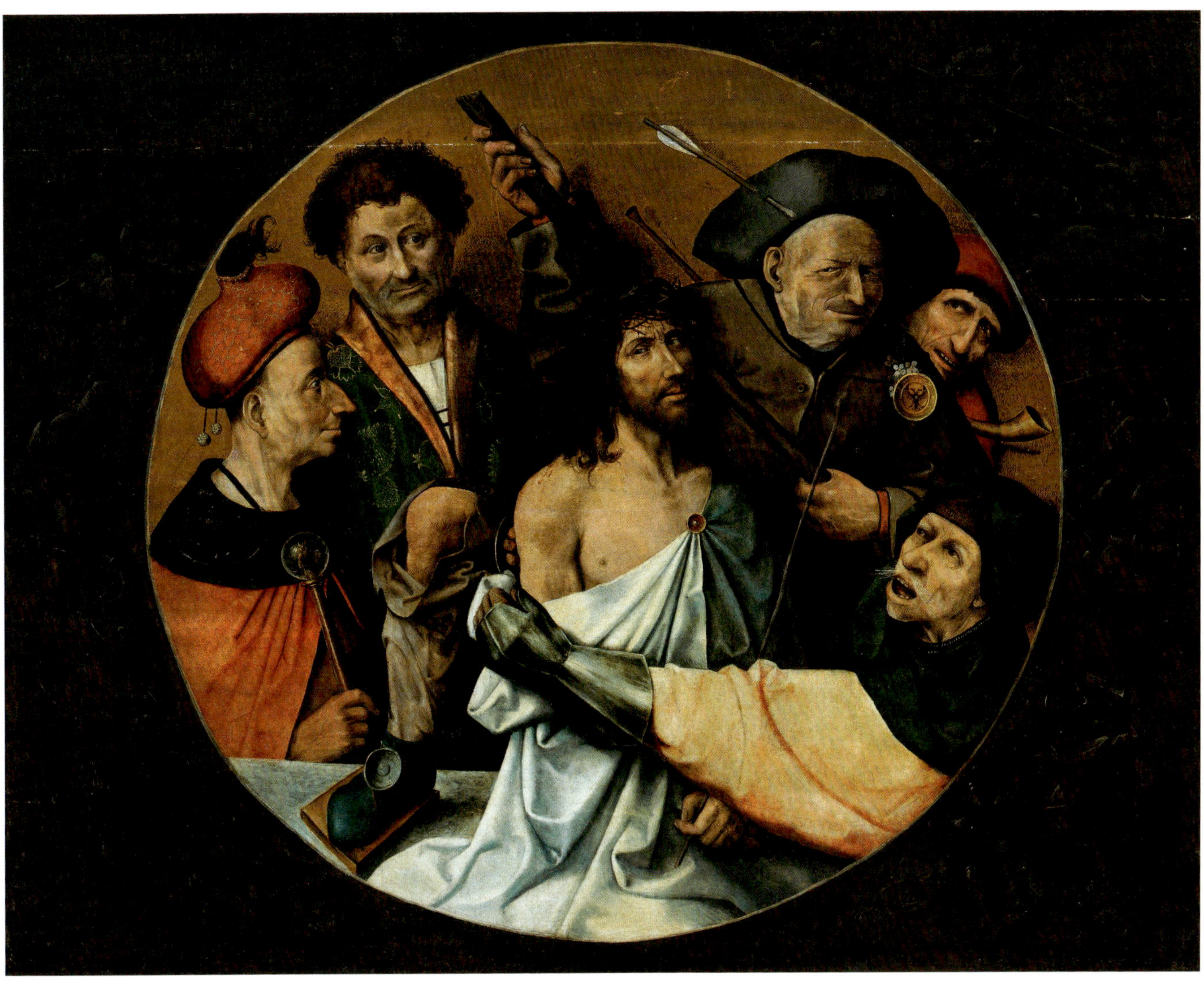

la Pasión. Probablemente, el primer ejemplo de dicha serie sea *La coronación de espinas* (Londres, National Gallery; il. pág. 73), del que también se ha dudado —probablemente sin razón— que fuera realizado por su propia mano. Con una sencillez extrema, la composición presenta figuras grandes y firmemente modeladas que se destacan contra un fondo simple, de tono azul grisáceo. Jesucristo, cubierto por una túnica blanca, está rodeado por sus cuatro torturadores, dispuestos formando un círculo amenazador. Un soldado sostiene una corona de espinas por encima de su cabeza; otro tira de su túnica, y, el tercero, con una fisonomía de macho cabrío, toca su mano con un gesto de burla. Con todo, sus acciones, curiosamente, parecen no surtir efecto y, como en la obra *Cristo con la cruz a cuestas* de Madrid, Cristo no presta atención a sus torturadores, sino que mira al espectador de forma serena y aun afable.

El formato de medio cuerpo y la tendencia a agolpar a las figuras ante el fondo del cuadro, sin ninguna otra indicación sobre el espacio, son características de un tipo de cuadros devocionales flamencos, que popularizaron Hugo van der Goes y Hans Memling. De manera similar a sus modelos flamencos, *La coronación de espinas* de Londres presenta la escena sacra no de acuerdo con su realidad histó-

Sucesor de El Bosco
La coronación de espinas, antes de 1511
(en caso de ser auténtico) o después de 1533
Óleo sobre tabla, 165 x 195 cm
Madrid, Real Monasterio de San Lorenzo
del Escorial

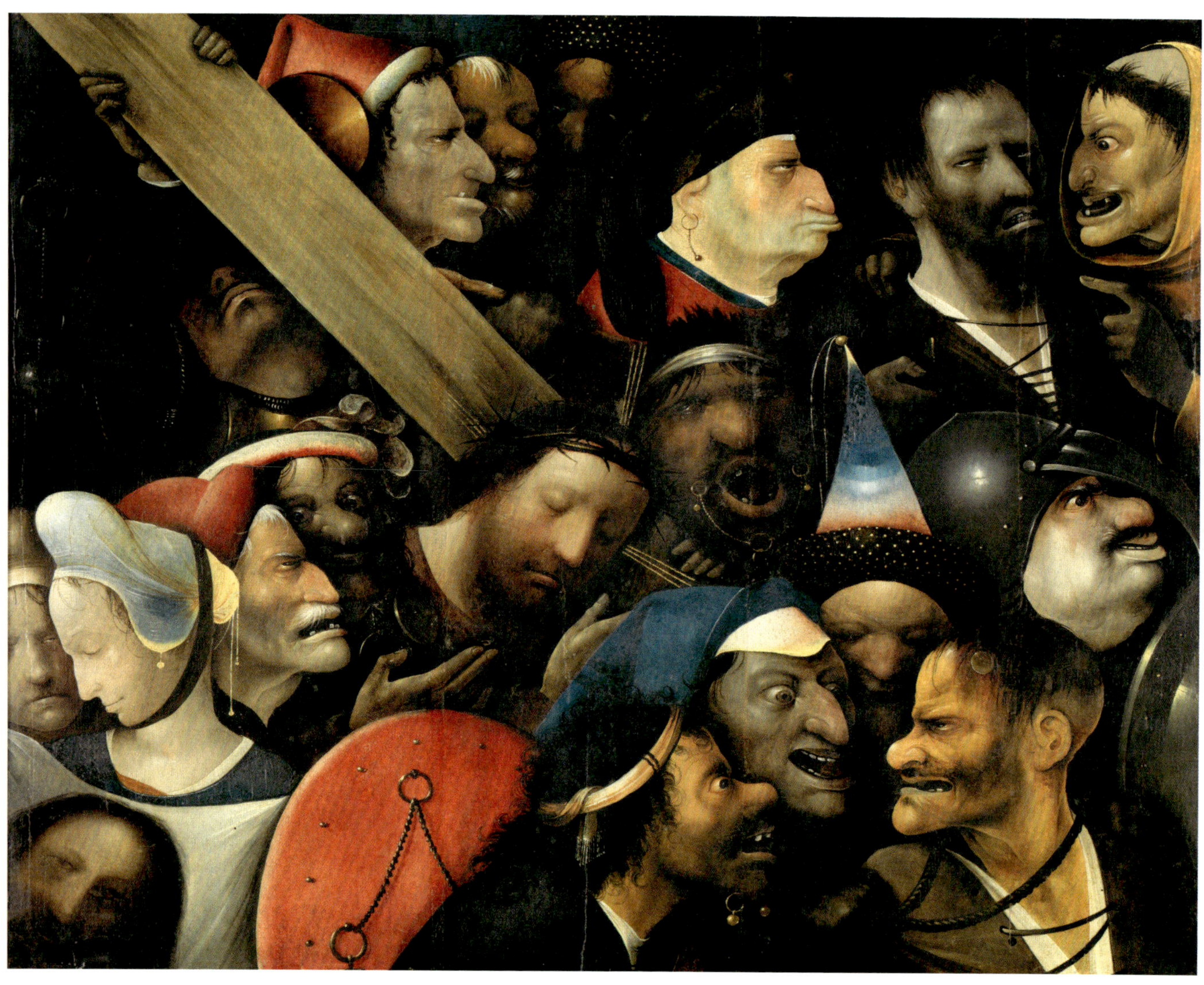

Sucesor de El Bosco (¿Amberes?)
Cristo con la cruz a cuestas, hacia 1510-1525
Óleo sobre tabla, 76,7 x 83,5 cm
Gante, Musée des Beaux-Arts

rica, sino dentro de su aspecto atemporal, en este caso, como un prototipo de las virtudes cristianas en medio de la adversidad.

La interpretación de El Bosco de la imitación de Cristo debió de gustar a sus coetáneos, pues se vio impulsado a hacer una segunda versión del tema, que modificó considerablemente la composición de Londres y que fue copiada en varias ocasiones, lo cual es una prueba más de la popularidad que obtuvieron las creaciones iconográficas de El Bosco.

Esta segunda versión, que se conserva en El Escorial, es de impresionante tamaño. Dispone las semifiguras dentro de un campo visual circular y las hace resaltar contra un fondo dorado (il. pág. 75). Los ojos de Cristo buscan de nuevo al observador. Sin embargo, en este caso el entrecejo fruncido expresa claramente su sufrimiento, y los gestos estáticos que presentaban sus aprehensores en las versiones anteriores se han transformado en acciones llenas de violenta furia. Un individuo con cara de rata, le arranca con repugnancia la túnica; un compinche, que sonríe con malicia, ha colocado un pie sobre la repisa, para hacer más fuerza al presionar la corona de espinas contra su cabeza; el tercer personaje mira fijamente por encima de su hombro. En contraposición a ello, los dos espectadores de la izquierda observan la escena con distancia y frialdad. El comentario a este tormento de Jesucristo, en el contexto de la historia universal, viene dado en las representaciones en grisalla del margen, en las que ángeles y demonios dirimen una lucha eterna.

La malevolencia de los enemigos de Jesucristo llega a un grado prácticamente de histeria en el *Cristo con la cruz a cuestas* de Gante (il. pág. 76). Aquí, Jesucristo está acompañado por santa Verónica, una figura apócrifa que no se menciona en la Biblia, pero de la que la tradición dice que secó el sudor del rostro del Salvador, cuando este sufría bajo el peso de la cruz, a resultas de lo cual quedó milagrosamente impresa en el paño una imagen del rostro de Cristo. A la derecha se ve a los dos ladrones. Alrededor de las cuatro figuras se hacina una muchedumbre ululante de rostros de sonrisa burlona y que mueve sarcásticamente sus ojos bizcos; sus caras alteradas y deformes arden con una fosforescencia no terrena que contrasta con el fondo negro: no son hombres sino demonios, encarnaciones perfectas de todos los deseos y pasiones que alguna vez hayan mancillado el alma humana. Nunca antes había creado El Bosco fisonomías humanas con una fealdad tan repulsiva, por lo que se ha supuesto que le sirvieron como motivo de inspiración, por ejemplo, los dibujos de cabezas grotescas que hizo Leonardo aproximadamente al mismo tiempo. No obstante, también es posible que recibiera impulsos de artistas alemanes, que desde hacía siglos daban rasgos monstruosamente deformes a los torturadores de Jesucristo.

En medio de esta vorágine de perversidad, los rostros de Jesucristo y de santa Verónica denotan singular serenidad y éxtasis. Con los ojos cerrados, sin preocuparse del tumulto que les rodea, parecen centrarse en su interior; los labios de santa Verónica incluso esbozan una leve sonrisa. Paradójicamente, la imagen de Jesucristo que queda grabada sobre su velo mira de forma suplicante al observador. El contraste entre el propio Jesucristo y los dos ladrones no podría ser mayor. En el ángulo inferior derecho, el ladrón malo se vuelve amenazante hacia sus aprehensores; el buen ladrón, arriba, parece estar a punto de desmayarse de terror ante las palabras de su diabólico confesor. Mientras estos son aún seres inmersos en el tumulto de este mundo, Jesucristo se ha retirado a una esfera superior, a la que no pueden seguirle los sicarios. En pleno sufrimiento, resulta victorioso. A todos los que, como Él, tomen su cruz y le sigan, Jesucristo promete la misma victoria sobre el mundo y la carne: este es el mensaje que transmitían a sus contemporáneos las figuras de medio cuerpo de El Bosco sobre la Pasión.

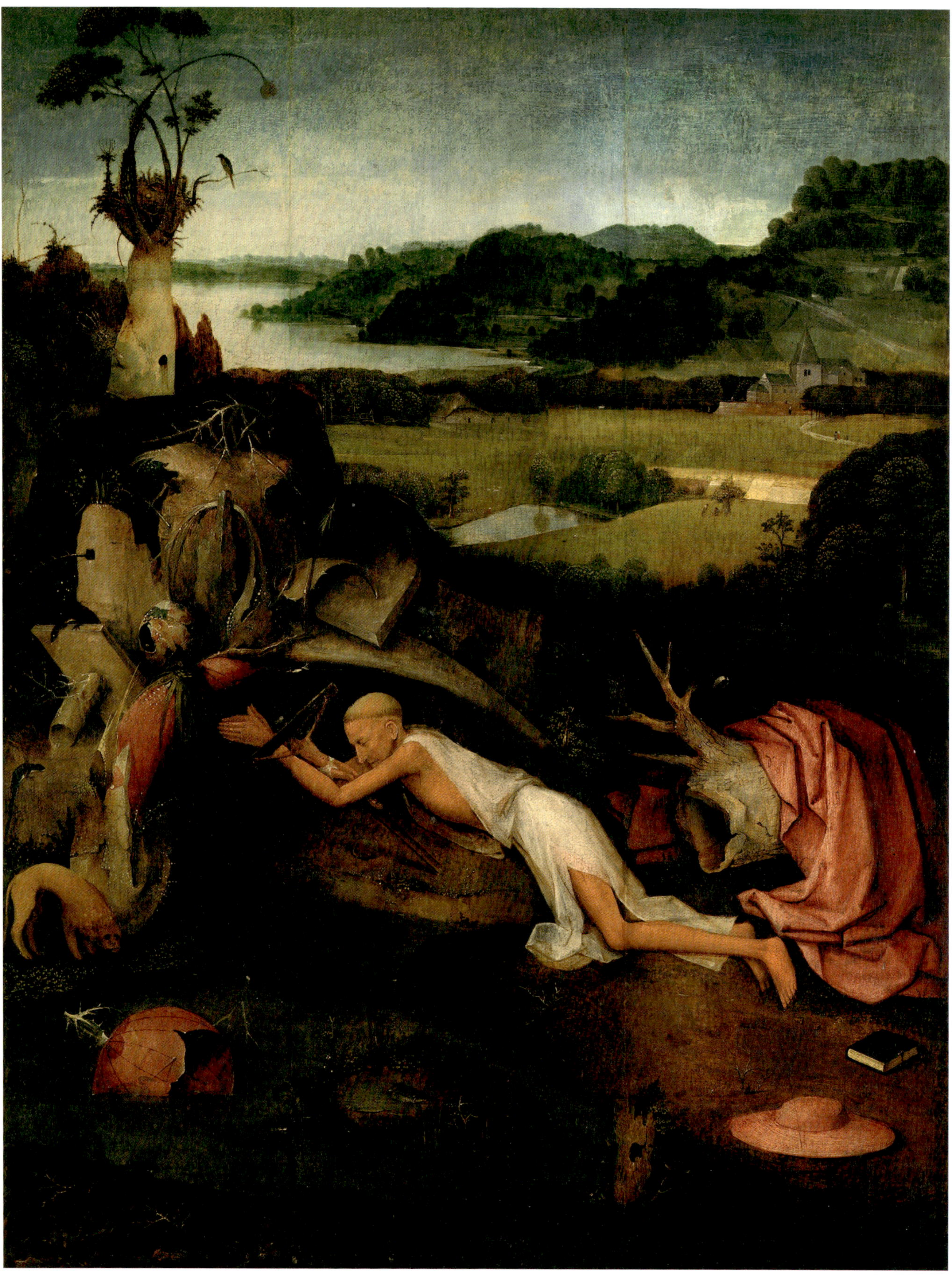

El triunfo de los santos

En sus imágenes de santos, El Bosco rara vez describió los milagros y los martirios espectaculares que causaban tanta fascinación a finales de la Edad Media. Una excepción es la *Crucifixión de una mártir* (il. pág. 83), cuya datación está bastante controvertida. En las dos alas, El Bosco había situado originalmente a un donante arrodillado, que —por motivos desconocidos— sustituyó por la tentación de san Antonio y, de acuerdo con la interpretación más extendida, por dos comerciantes de esclavos que están vendiendo santa Julia a Eusebio. Como es posible demostrar la presencia del tríptico en Italia ya a comienzos del siglo XVI, parecía evidente suponer que se trataba de una obra realizada para clientes italianos y que representaba la crucifixión de santa Julia, pues el culto a esta santa estaba extendido sobre todo en Italia. Ahora bien, actualmente algunos expertos optan —y no sin razón— por considerarla una representación de santa Kümmernis (también llamada santa Ontcommer o santa Wilgefortis). Milagrosamente, le creció barba para que no tuviera que contraer matrimonio con un pagano; a resultas de esto, su propio padre la mandó crucificar. Sin embargo, aunque la figura femenina que representa El Bosco no tiene barba, no se puede excluir su identificación con Ontcommer; al parecer, se trata de un nuevo enigma que El Bosco plantea a los estudiosos actuales.

Exceptuando esta escena de crucifixión, El Bosco solo describió las virtudes calladas de la vida contemplativa y los peligros que representan para ellas las tentaciones del mundo: ni santos guerreros ni frágiles vírgenes que defienden su pureza hasta el último suspiro, sino eremitas que meditan en paisajes solitarios.

En el tríptico de Venecia *Los Santos Eremitas* —desgraciadamente, muy dañado (originariamente, las tablas terminaban en forma de arco)— se pueden ver tres variaciones del mismo tema; ahora bien, no está dilucidado si El Bosco realmente lo concibió como retablo de altar. En la tabla del centro (il. págs. 80-81), san Jerónimo está meditando delante de un crucifijo, entre los restos de un templo pagano que le rodean. Como preludio pueden verse dos animales monstruosos en la primera franja del suelo. En el ala izquierda, san Antonio se resiste a los avances amorosos del diablo bajo la forma de reina, episodio al que regresaremos más adelante. En la tabla opuesta, san Gil (o Egidio) está rezando en una cueva por la seguridad de su compañera y sustentadora, la cierva que yace a sus pies; la flecha de cazador destinada a ella sobresale del pecho del santo.

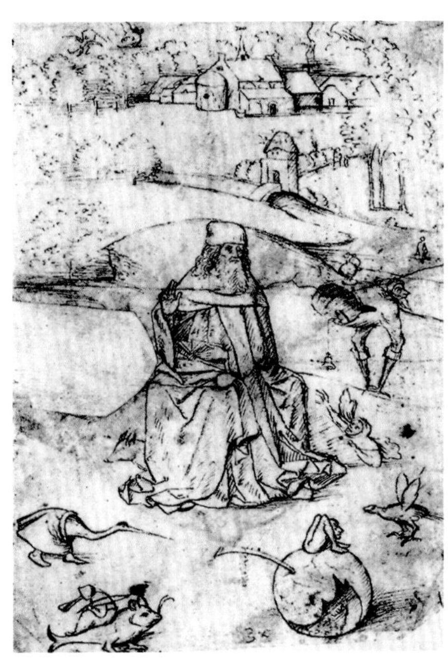

Escuela de El Bosco
***Las tentaciones de san Antonio*,**
segunda década del siglo XVI (?)
Pluma y bistre, 25,7 x 17,5 cm
Berlín, Staatliche Museen SMPK,
Gabinete de Calcografías

***San Jerónimo recogido en oración
(San Jerónimo haciendo penitencia)*,**
hacia 1482 o posterior
Óleo sobre tabla, 77 x 59 cm
Gante, Musée des Beaux-Arts

IZQUIERDA Y DERECHA
San Antonio y **San Egidio**
Postigos laterales del tríptico *Los Santos
Eremitas*, hacia 1504 o posterior
Óleo sobre tabla, 86,5 x 29 cm (cada tabla)
Venecia, Gallerie dell'Accademia

CENTRO
San Jerónimo
Tabla central del tríptico *Los Santos
Eremitas*, hacia 1504 o posterior
Óleo sobre tabla, 86,5 x 60 cm
Venecia, Gallerie dell'Accademia

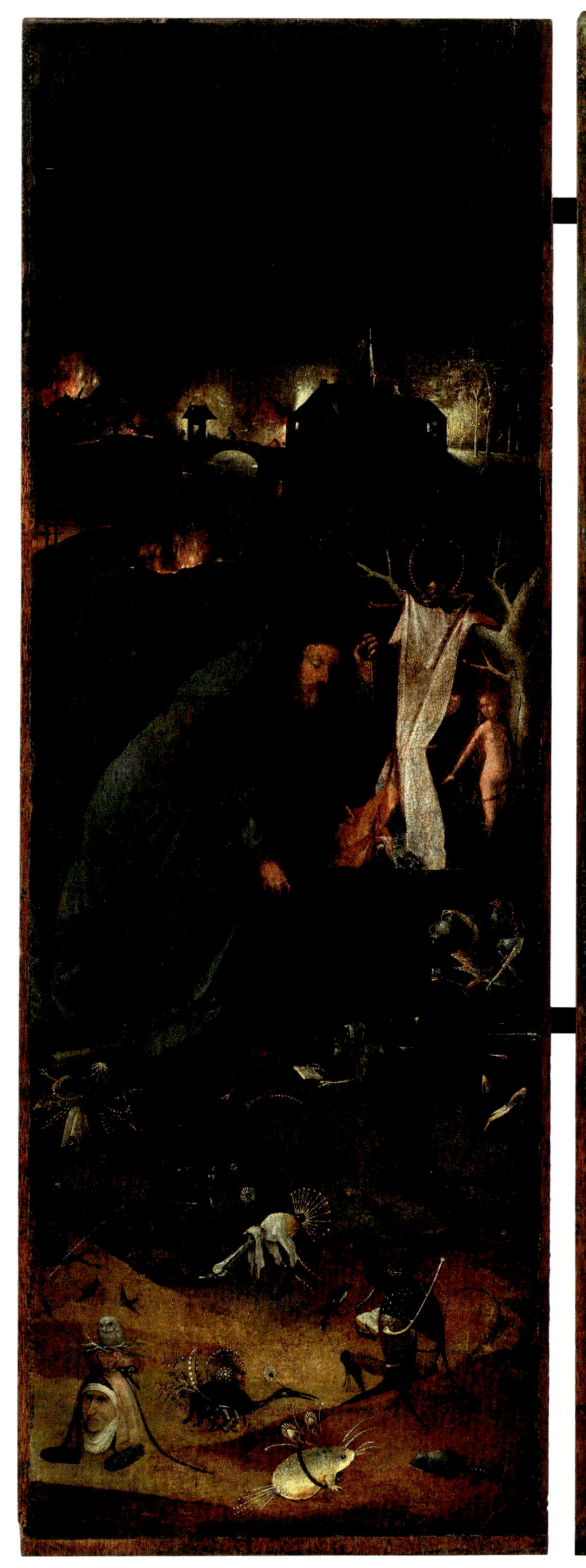

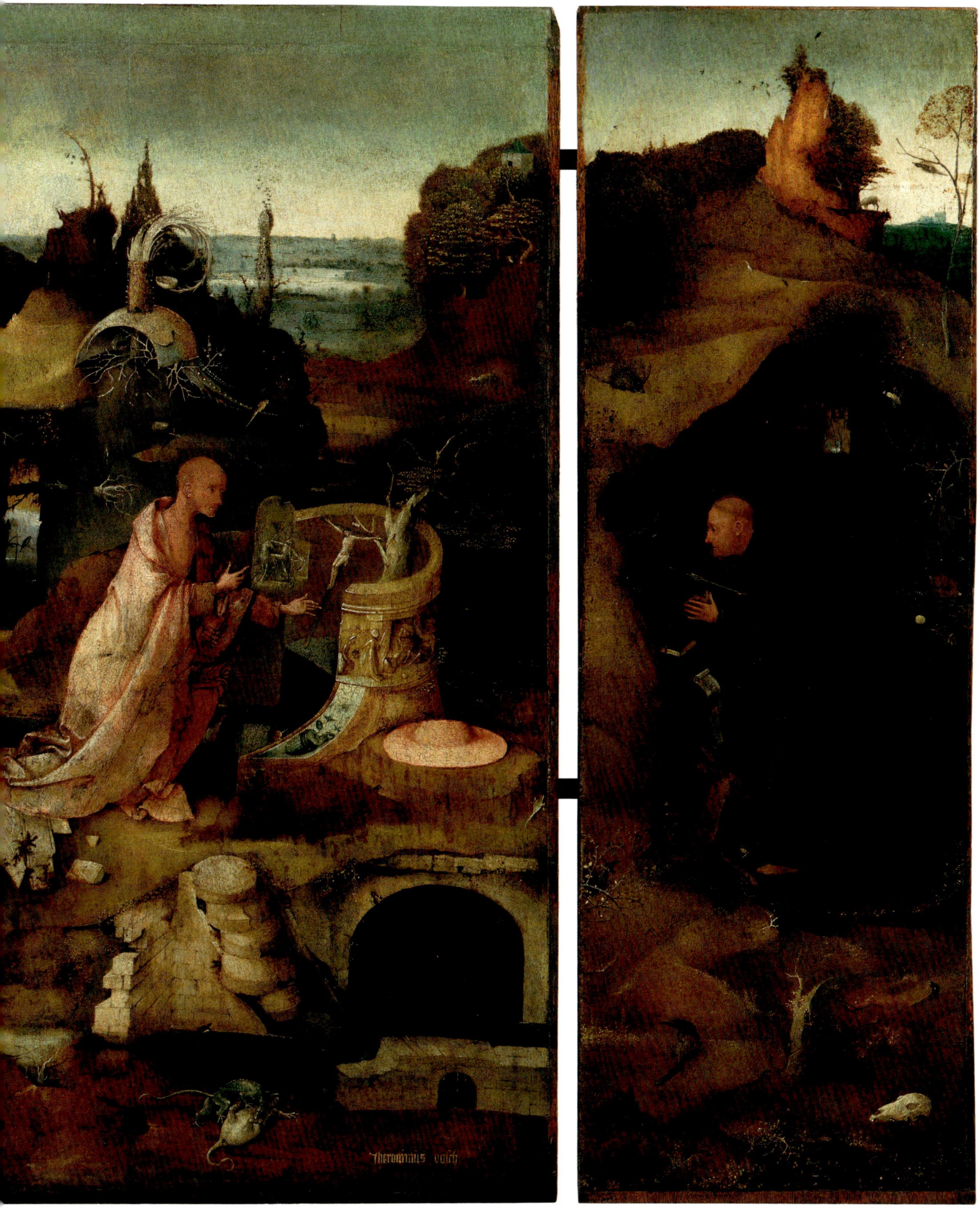

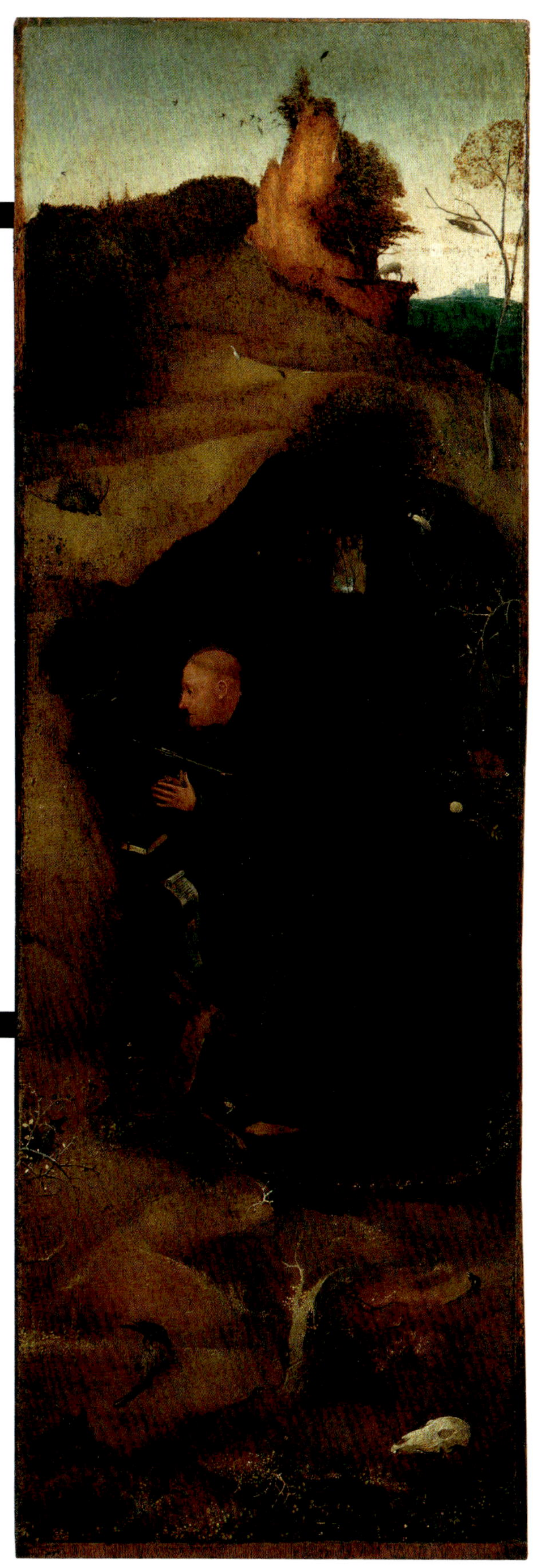

Jheronimus bosch

Los tres santos reflejan el ideal monástico que describe, por ejemplo, la *Imitación de Cristo*: una vida dedicada a la mortificación de la carne, así como a la plegaria y a la meditación. En *San Jerónimo recogido en oración* (il. pág. 78), El Bosco dio una imagen aún más elocuente de este ideal: san Jerónimo se ha echado al suelo sosteniendo un crucifijo entre sus brazos; su espléndido traje talar de cardenal, de color rojo, está extendido sobre el suelo. Sin gesto dramático de ningún género, El Bosco supo expresar de manera conmovedora la situación espiritual de esta figura tranquila y serena.

En el pacífico panorama del fondo no se aprecian huellas de las fuerzas del mal; pero la gruta pantanosa en la que yace el santo está viciada por la corrupción y la decadencia. En el relato de su vida, el Padre de la Iglesia menciona que, frecuentemente, sus meditaciones en parajes solitarios de la naturaleza se veían interrumpidas por la visión de bellas cortesanas. Estos pensamientos lujuriosos están simbolizados, sin lugar a dudas, por las gigantes frutas en estado de descomposición que se observan cerca de la cueva del santo y que recuerdan la flora representada en *El jardín de las delicias*. Únicamente la sumisión absoluta bajo la voluntad de Dios le daba a san Jerónimo la fuerza para sojuzgar la carne.

En otro cuadro, El Bosco presenta a san Juan Bautista, tumbado delante de una formación rocosa, en un paisaje de maravilloso ambiente estival (il. pág. 4). Probablemente, la composición se inspiró, en cuanto a la integración orgánica del protagonista en un paisaje idílico, en una pintura realizada algunos años antes por Geertgen tot Sint Jans, *San Juan Bautista en el desierto* (Berlín, Gemäldegalerie, SMPK). Geertgen representó al último profeta del Antiguo Testamento sentado y con expresión absorta; está restregando un pie contra el otro; en la obra de El Bosco, aparece señalando hacia el cordero de Dios, en cuclillas en el ángulo inferior derecho. Tradicionalmente, este gesto se empleaba para caracterizar a san Juan Bautista como precursor de Jesucristo. Aquí, implica además una alternativa espiritual a la vida de la carne, simbolizada por los enormes frutos pulposos que penden cerca de él sobre tallos de gráciles curvas.

En una pintura que se conserva en Róterdam, san Cristóbal aparece en un paisaje marcado asimismo por las huellas del mal (il. pág. 85); el gigante cruza el río llevando a sus espaldas al Niño Jesús. De acuerdo con la leyenda, el posterior santo que había sido un gigante pagano, sirvió primero a un rey y después, buscando un maestro poderoso y digno, al mismo diablo, hasta que, por fin, un eremita lo convirtió al cristianismo. En el ángulo inferior derecho, el eremita aparece de pie a orillas del río; su refugio arbóreo se ha convertido en una jarra partida que alberga una taberna endemoniada; arriba, una figura desnuda trepa a una rama, en dirección hacia una colmena, como símbolo de la embriaguez. Al otro lado del río, un dragón surge de una ruina asustando a un nadador, mientras que en la penumbra del fondo arde una ciudad; sin embargo, san Cristóbal se siente seguro gracias a la carga que lleva.

Seguro frente a las insidias y artimañas del demonio se encuentra también el evangelista *San Juan Evangelista en Patmos* (il. pág. 86). El joven apóstol está representado en la soledad de la isla de Patmos, adonde lo había desterrado el Emperador Domiciano y donde escribió el Apocalipsis, que probablemente sea el libro que sostiene en su regazo. Su dulce mirada se dirige hacia una aparición de la Virgen, entronizada sobre una luna creciente, a la que hace referencia el capítulo 12 del Apocalipsis, en sus versículos 1-6. Un ángel de figura tan delgada y alas de plumaje tan delicado que su corporeidad apenas supera el paisaje sumido en la bruma del fondo, llama la atención del evangelista sobre la visión. Influi-

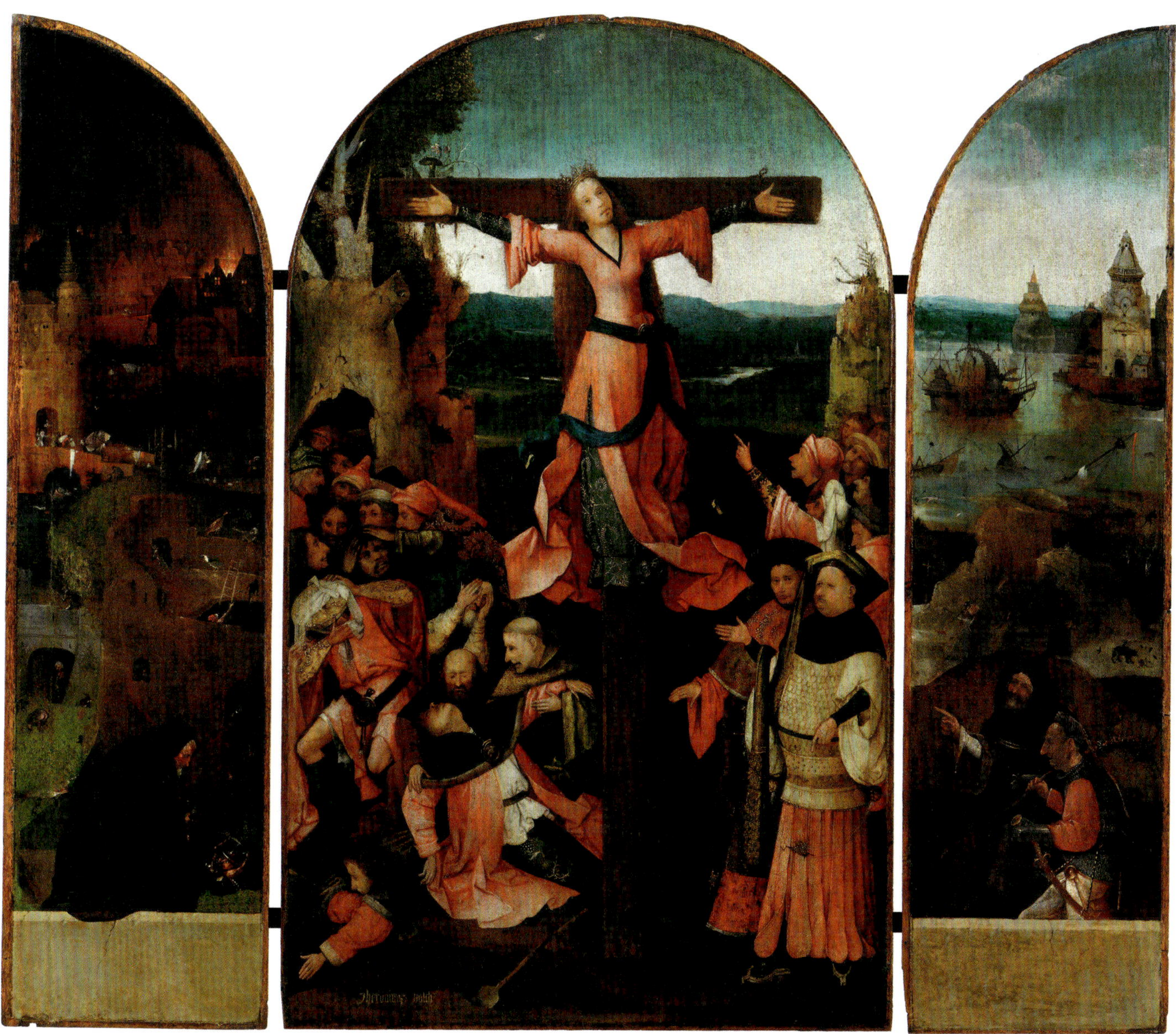

do posiblemente por representaciones anteriores de este tema, El Bosco moderó
esta vez su predilección por los espectáculos demoníacos. Con todo, si se observa
con detenimiento pueden verse varias naves ardiendo en las aguas lejanas, a la
izquierda; abajo a la derecha se encuentra junto al santo un pequeño monstruo;
sin embargo, si se exceptúan estas alusiones apocalípticas nada perturba el paisaje idílico, en el que el santo contempla sus visiones interiores.

Sin embargo, el mal que aquí está todavía reprimido irrumpe de un modo
violentísimo en el reverso de la tabla, pintado en grisalla (il. pág. 87) en forma
de monstruos. En el círculo externo se despliega la Pasión de Jesucristo, que culmina visualmente en la Crucifixión; en el círculo interior, el monte alto sobre
el que aparece un pelícano dentro de su nido, simboliza la montaña del Gólgota.
El pelícano, que según uno de los libros sobre animales más difundidos de la
Edad Media —si bien su materia procedía de la Antigüedad tardía— afirmaba
que alimenta sus crías con la sangre de su propio corazón, era tradicionalmente
un símbolo del sacrificio de Jesucristo. Con arreglo a ello, aparece en el reverso

*Retablo con la crucifixión de una mártir
(Santa Julia)* (tríptico), hacia 1505-1515
Óleo sobre tabla, 104 x 119 cm
Venecia, Gallerie dell'Accademia

POSTIGO IZQUIERDO
San Antonio en meditación
Óleo sobre tabla, 104 x 28 cm

TABLA CENTRAL
Crucifixión de Santa Julia o Santa Liberata
Óleo sobre tabla, 104 x 63 cm

POSTIGO DERECHO
Dos traficantes de esclavos
Óleo sobre tabla, 104 x 28 cm

de este cuadro dedicado a San Juan, el discípulo amado que descansó su cabeza sobre el pecho del Pelícano Divino, según relata Dante («Paraíso», XXV).

Es probable que estos pequeños cuadros de santos, a los que nos acabamos de referir, estuviesen destinados para la devoción particular en la celda de un monasterio o en una capilla privada. Presentan, de acuerdo con el ideal monástico, el arduo sendero que debe recorrer el peregrino para recobrar la patria perdida y lograr su unión con Dios. Sin embargo, las vicisitudes de la vida espiritual no fueron detalladas en ninguna parte en forma más vívida y minuciosa que en la leyenda de san Antonio, el eremita fundador del monaquismo cristiano, a quien El Bosco pintó en un retablo que se conserva actualmente en Lisboa.

El Bosco y su taller trataron recurrentemente el motivo de san Antonio, en pinturas y dibujos. Esta pequeña tabla que se conserva en el Prado y que presenta al santo meditando en un paisaje soleado (il. pág. 88), se suele atribuir a El Bosco. Sin embargo, la obra en que, sin duda, trató el tema de modo más amplio y detallado es el tríptico «Las tentaciones de san Antonio» (il. págs. 89-93), actualmente en Lisboa.

Cuando san Antonio, que pasó la mayor parte de su longeva vida (251-356) en el desierto egipcio, estaba orando en una ocasión al abrigo de una vieja tumba, fue atacado por una horda de diablos, que lo golpearon hasta casi matarlo. A continuación, los demonios volvieron a asaltarlo en el mismo lugar y lo llevaron por los aires hasta que una luz divina los dispersó. Más tarde, se le apareció Satanás bajo la apariencia de una reina hermosa y santa, que estaba bañándose en un río. La reina endemoniada condujo al eremita a sus dominios y le mostró todas sus supuestas obras de caridad; solo cuando intentó seducir al desconcertado Antonio, éste reconoció la verdadera naturaleza de la reina y sus intenciones.

El Bosco representó dos de estos episodios en el ala izquierda del retablo de Lisboa. En el primer plano, san Antonio, inconsciente, es conducido a través de un puente por dos compañeros que visten los hábitos de la Orden Antoniana; están acompañados por un laico, posiblemente un autorretrato del pintor. Simultáneamente, numerosos monstruos zumban alrededor del santo, que desesperado une las manos en oración. Debajo del puente aparecen otros tres monstruos, a los que se dirige un inquietante mensajero patinando sobre el hielo; en la orilla del arroyo puede verse un pájaro deglutiendo la cría que acaba de empollar; en el plano medio, un gigante arrodillado con el trasero desnudo: a través de sus piernas abiertas, el camino lleva a un burdel; en el lejano mar, una almenara falsa atrae a los barcos, causando de este modo su destrucción; la orilla está cubierta por cadáveres.

En el ala de la derecha, El Bosco parte de la historia del demonio disfrazado de reina. Sobre un río que discurre lento delante de los eremitas, la reina aparece con una deslumbrante desnudez en medio de su corte infernal. San Antonio aparta los ojos de este grupo obsceno, pero su mirada cae sobre un demonio en forma de heraldo, no menos sospechoso, que parece invitarle a una fiesta de diablos que tiene lugar en el primer plano. La mesa al aire libre, la tela colgada sobre el tronco a manera de tienda, a un lado de la figura tentadora, y los sirvientes que sirven el vino, parecen formar parte de una parodia grotesca del tradicional jardín del amor. Al fondo se vislumbra la ciudad de la reina endemoniada; en el foso nada un dragón y de la parte superior del portal principal salen llamas.

En la tabla central, demonios de las más variadas especies se dirigen, por tierra, por aire y por mar —desde todas las direcciones y también desde el pueblo en llamas, en el fondo a la izquierda— hacia un sepulcro en ruinas que se encuentra en el centro. Delante del sepulcro y sobre una plataforma, una pareja

San Cristóbal cargando al Niño Jesús,
entre 1498 y 1510 (?)
Óleo sobre tabla, 113 x 71,5 cm
Róterdam, Museo Boijmans Van Beuningen

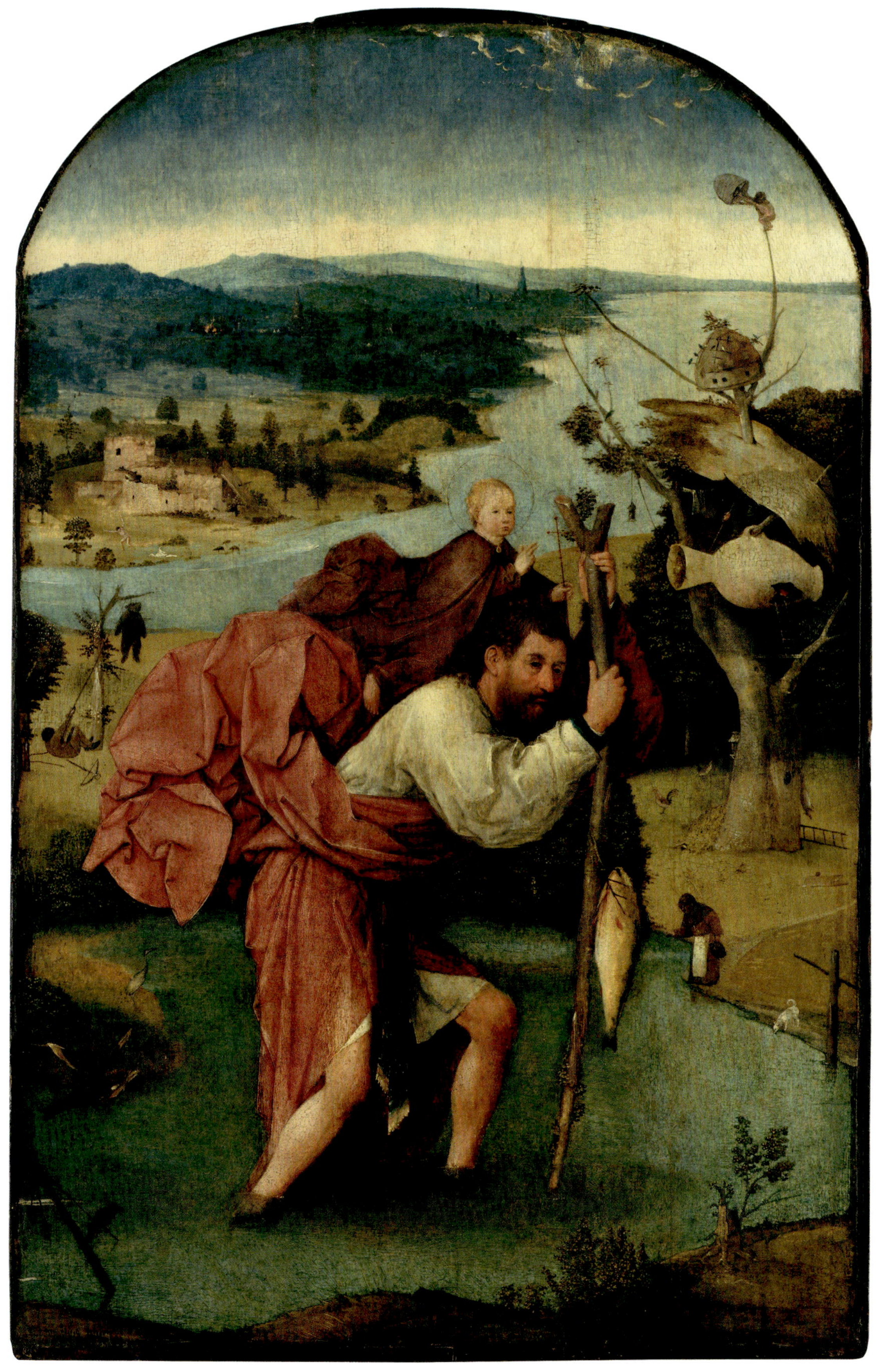

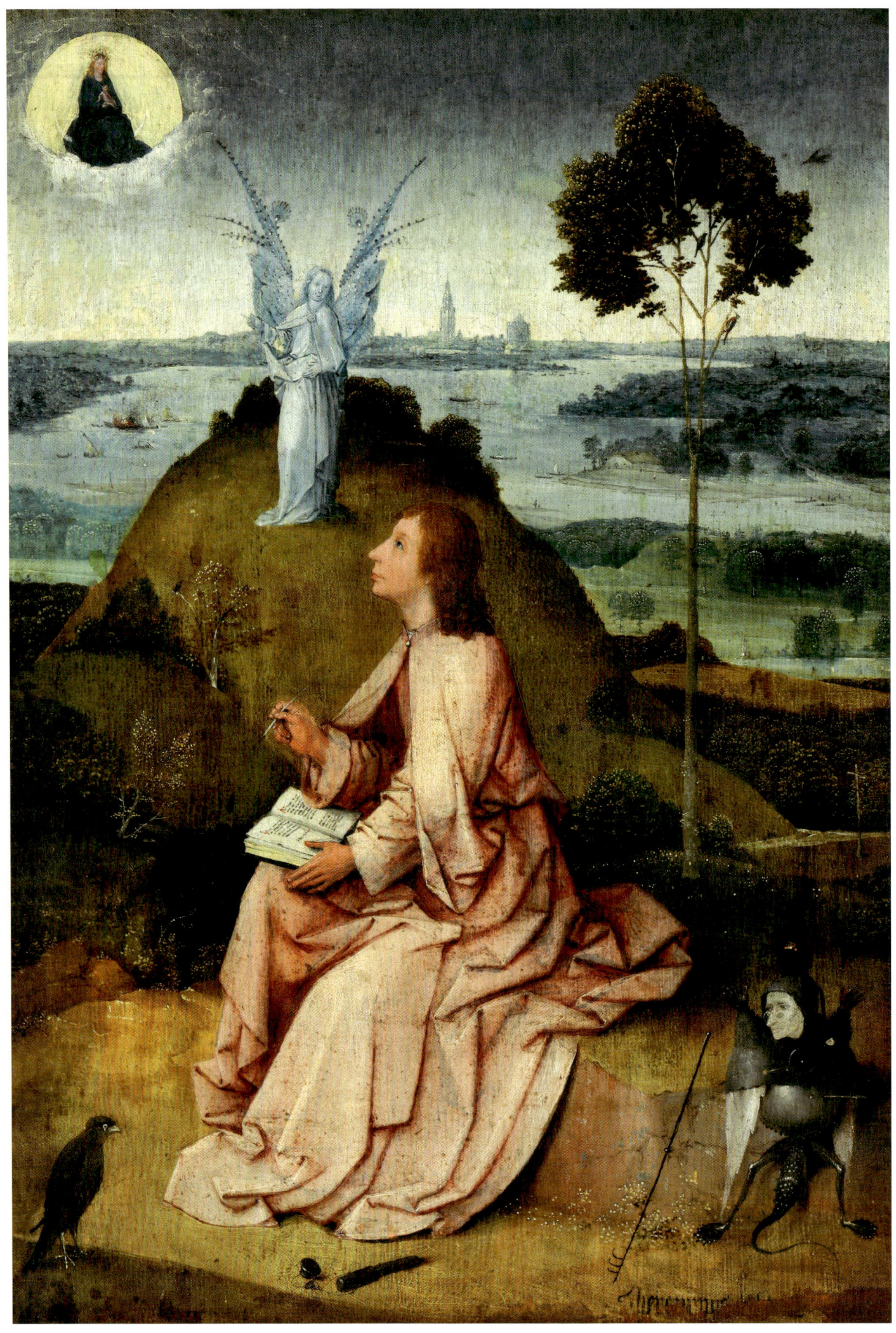

elegantemente vestida sirve bebidas a un extravagante grupo. A un lado, una mujer asimismo noblemente vestida, con un enorme tocado, ofrece por encima de una balaustrada una bandeja a una vieja algo retirada. Junto a la mujer de la balaustrada, de rodillas y apenas visible en medio de todo este tumulto infernal, aparece el propio san Antonio; su mirada sale de la escena y se dirige hacia el espectador, a la vez que su mano derecha imparte la bendición. En las profundidades del sepulcro, que san Antonio transformó en capilla, Cristo repite ese gesto de bendición. El muro del lado derecho está cubierto con escenas monocromas. Dos de ellas, la de la adoración del becerro de oro y la de un grupo de individuos que presenta una ofrenda a un simio entronizado, son imágenes que representan la idolatría en toda su degeneración, mientras que la representación de los israelitas que regresan de Canaán con un racimo de uvas enorme, es una prefiguración de los postigos exteriores del tríptico, en donde aparece Jesucristo cargando con la cruz.

Los diablos que se han concentrado alrededor de san Antonio están llenos de una alucinatoria potencia figurativa y creatividad metamórfica. En el grupo completamente a la derecha, por ejemplo, el tronco partido de un árbol se convierte en la toca, el torso y los brazos de una mujer, cuyo cuerpo culmina en la cola escamosa de un lagarto; sostiene en sus brazos a un bebé, y está montada sobre una rata gigante (il. pág. 93). A su lado, una jarra ha sido transformada en otra montura, cuyo jinete, completamente incorpóreo, lleva como cabeza un cardo. Abajo, en el agua, un pez con forma de góndola ha absorbido completamente dentro de sus entrañas a un personaje que entresaca desesperadamente sus manos por los lados. En el ángulo inferior izquierdo, un diablo con armadura y la calavera de un caballo como cabeza, toca el laúd; se encuentra sentado a horcajadas sobre un ganso desplumado que, a su vez, está calzado y su cuello remata en el hocico de un carnero. Por otra parte, todas estas extrañas formas exhiben una riqueza de colorido que confiere belleza visual aun a las apariciones más repugnantes. Una reciente limpieza cuidadosa del tríptico, que figura entre las obras mejor conservadas de El Bosco, ha puesto al descubierto brillantes tonos rojos y verdes que se alternan con pasajes suavemente modulados de grises azulados y marrones.

Según la leyenda, esta reunión de diablos es la ilustración del segundo ataque a san Antonio que describen los relatos literarios; la luz milagrosa que dispersó a los demonios brilla en esta ocasión a través de una de las ventanas de la capilla. Al igual que las criaturas monstruosas que hacen frente al peregrino de Deguilleville, los seres satánicos y espectros que aquí pueden verse son encarnaciones de los deseos pecaminosos contra los cuales luchó san Antonio en su retiro del desierto. Bax y otros estudiosos creen especificar una serie de pecados simbolizados por los monstruos de El Bosco; el principal de todos ellos es el de la lujuria. Esta presenta su poder sin tapujos, por ejemplo, en los edificios del fondo a la derecha, donde un monje y una prostituta beben juntos dentro de una tienda; el diablo de piel morena del grupo central quizás sea otra alusión más a este vicio capital.

Sin embargo, san Antonio se sobrepuso a todas las tentaciones con la fuerza de su fe. Esta fe está expresada en su gesto de impartir la bendición, que se consideraba muy eficaz contra el diablo; además, la mirada serena con la que el eremita supera los límites del cuadro para dirigirse al observador, se ha de entender como un modo de asegurar esa consolación: «Aunque un ejército se alce contra mí, no temerá mi corazón» (Salmo 27,3). Es la misma mirada del rostro de Jesucristo, que nos contempla desde el *Cristo con la cruz a cuestas*, de Madrid, y *La coronación de espinas*, de Londres.

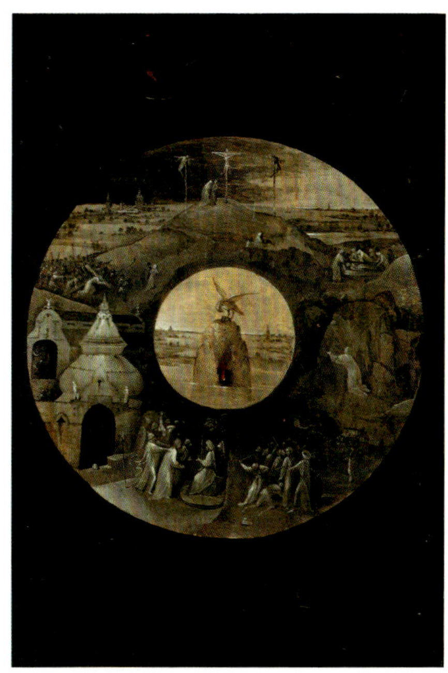

Medallón con escenas de la Pasión
Reverso de *San Juan Evangelista en Patmos*
Grisalla sobre tabla; diámetro: aprox. 39 cm
Berlín, Gemäldegalerie SMPK

San Juan Evangelista en Patmos,
1489 o posterior
Óleo sobre tabla, 63 x 43,3 cm
Berlín, Gemäldegalerie SMPK

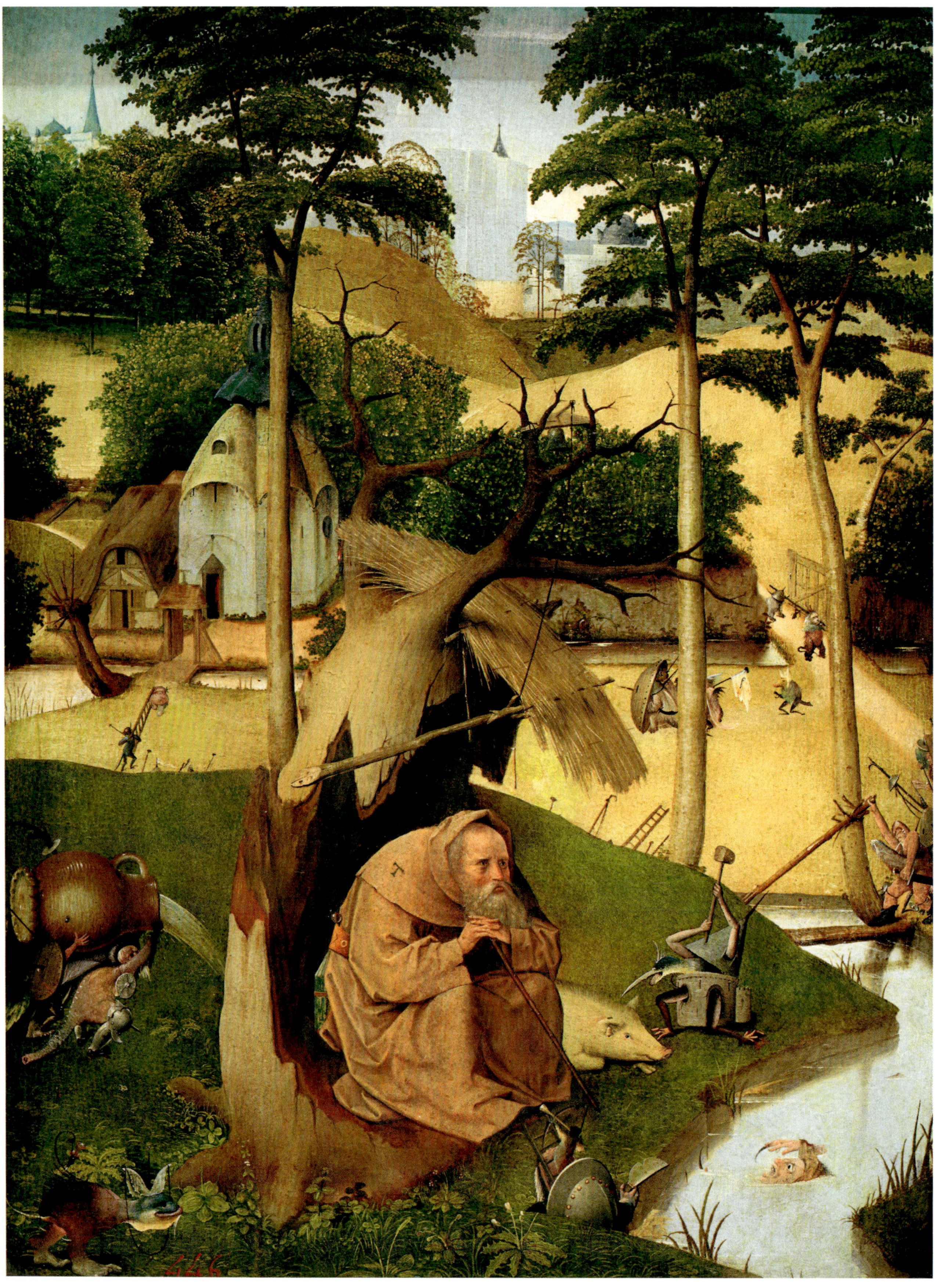

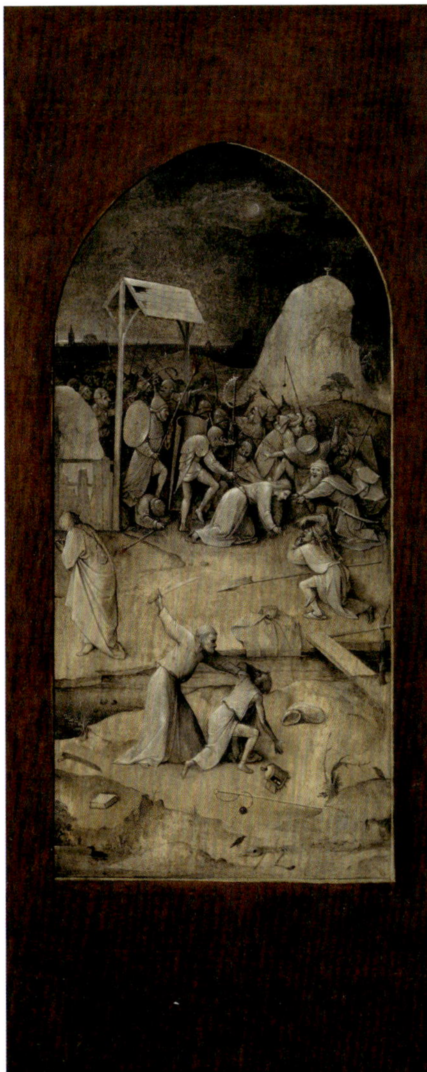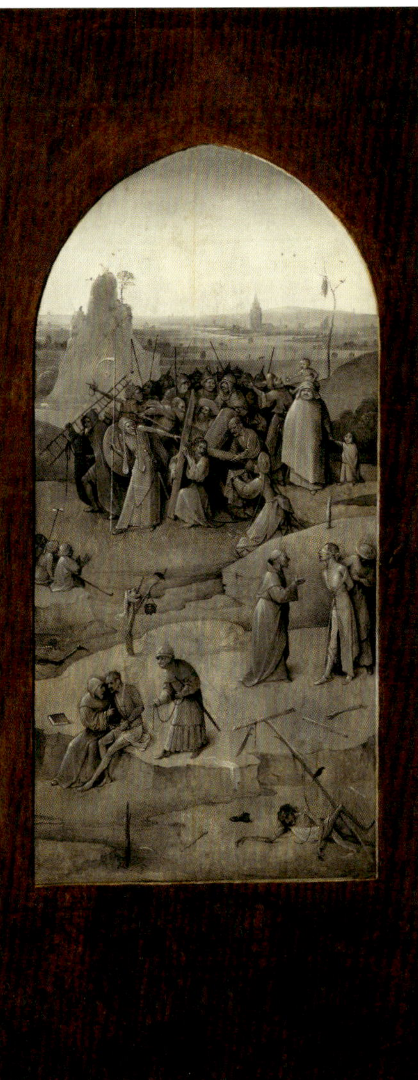

Cuando san Antonio reconoció la presencia de Jesucristo en la luz milagrosa, dijo: «¿En dónde estabas recientemente, oh buen Jesús? ¿Por qué no viniste a mí entonces, para socorrerme y curar mis heridas?». A lo que Jesucristo respondió: «Antonio, yo estaba aquí, pero quería verte luchar, y, ahora que has peleado la buena lucha, difundiré tu gloria por todo el mundo». La tabla central del tríptico de Lisboa rinde al santo ese mismo honor de victoria. Este último aspecto de la tabla central arroja luz sobre una particularidad del arte de El Bosco que suele interpretarse erróneamente. Al representar las torturas y las tentaciones diabólicas sufridas por san Antonio y los demás santos, El Bosco no reflejó un dualismo zoroástrico, como han sugerido algunos comentaristas. Su visión del mundo no fue la de un escenario sobre el cual se representa una lucha entre fuerzas igualmente poderosas, del mal y del bien, ya que esto hubiera negado la omnipotencia de Dios. Por el contrario, el Bosco y sus coetáneos sabían que Dios permitía a Satán que este tentara a los seres humanos por el bien de sus almas. Dios deja que el diablo ataque a los santos, explica san Agustín, «de modo que se incremente su gracia a partir de las tentaciones externas» (*La Ciudad de Dios*, XX, 8). La sumisión voluntaria a estas vicisitudes supone la imitación más perfecta de Jesucristo.

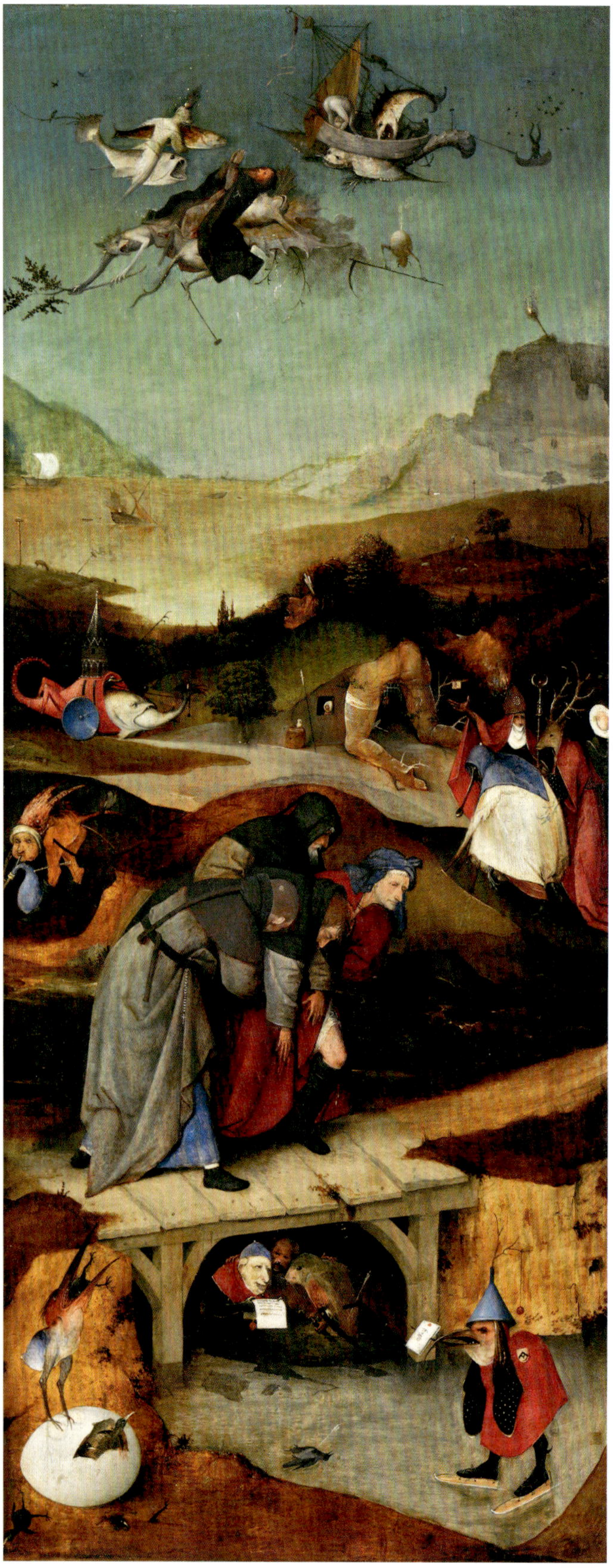

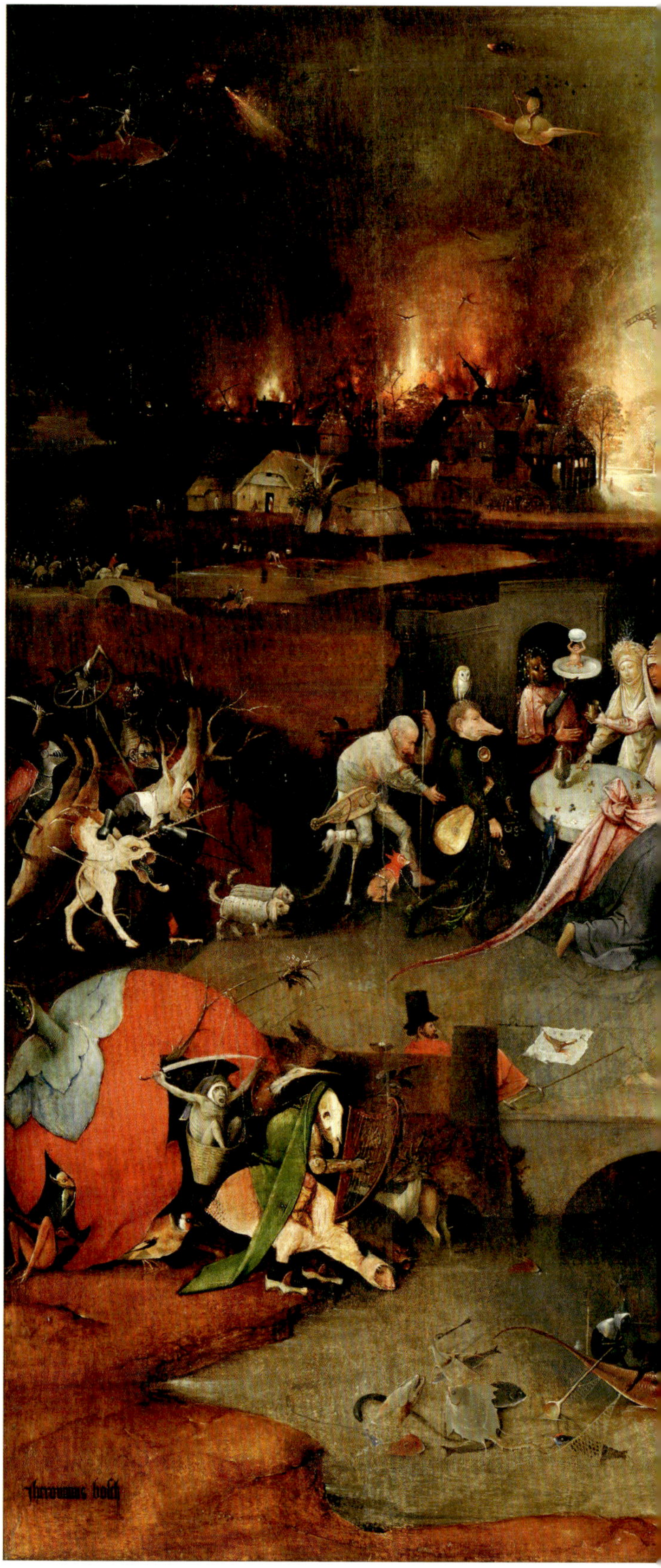

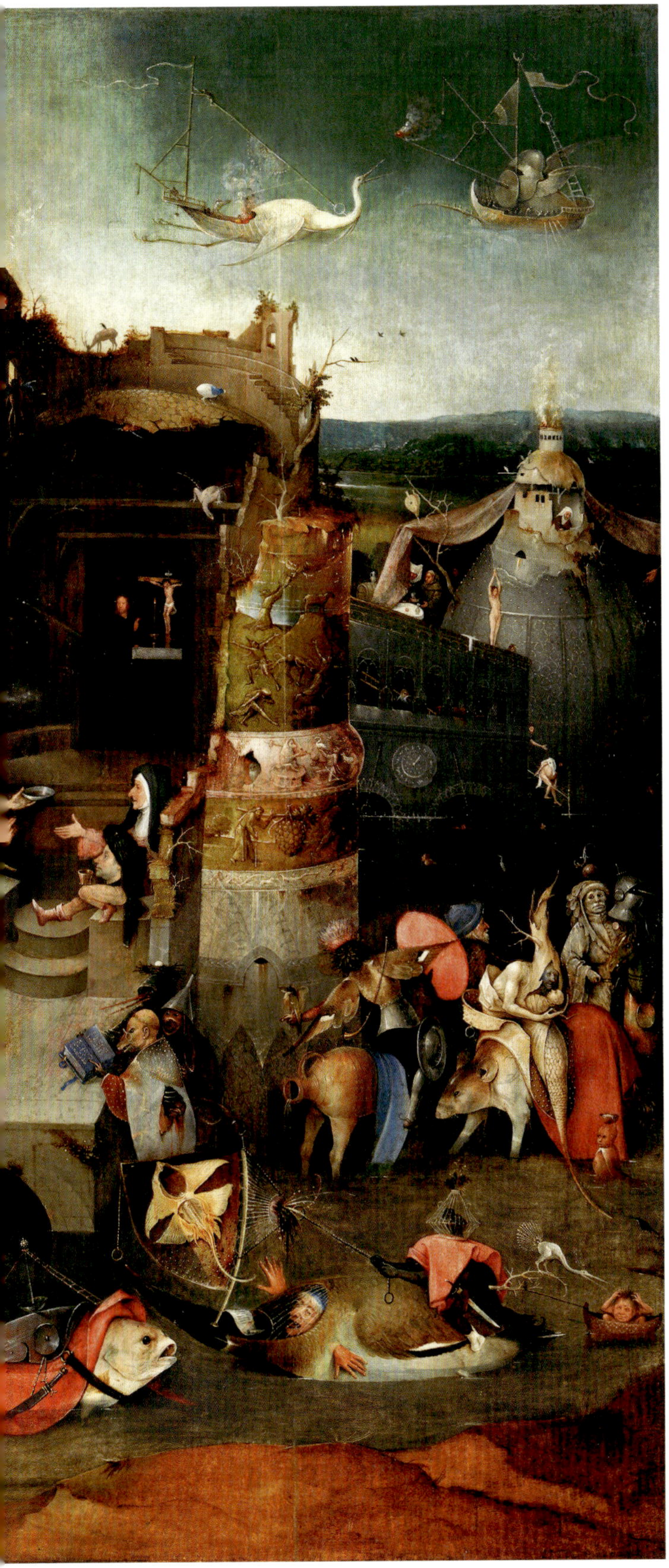

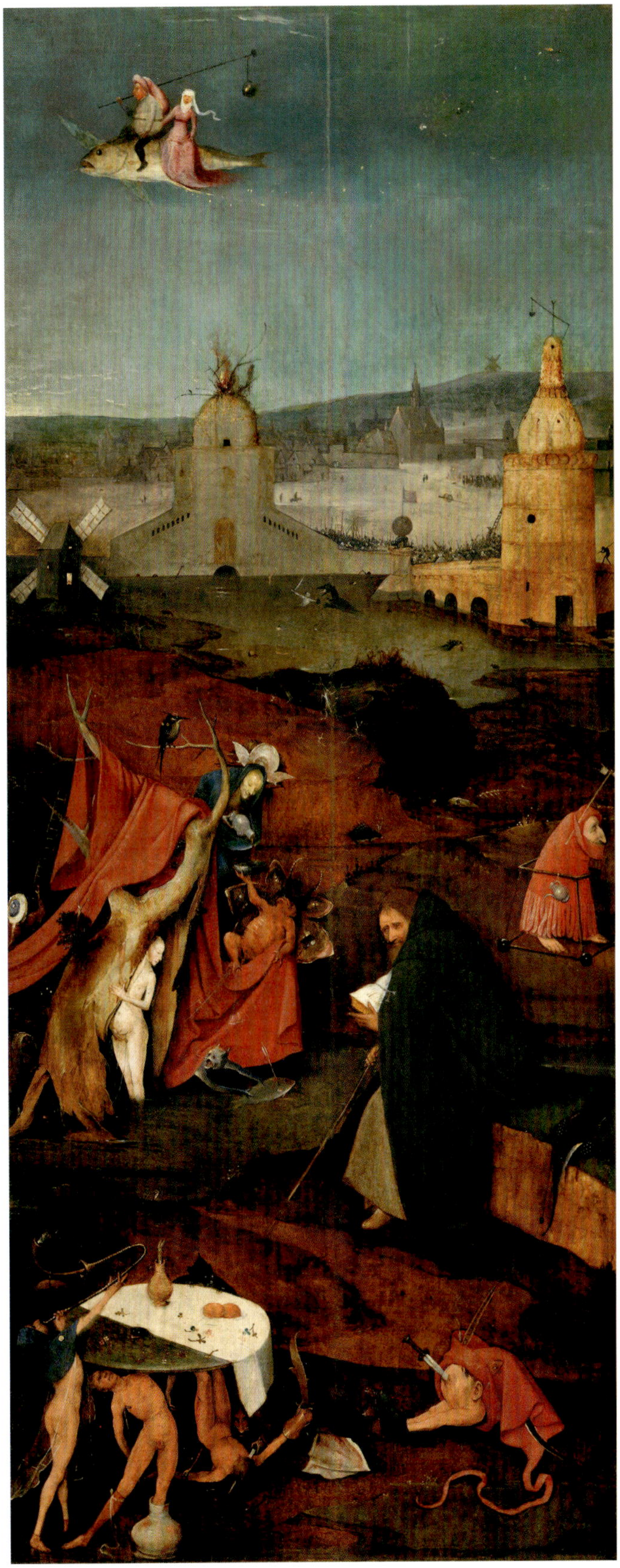

Por lo tanto, las dos pequeñas escenas de la Pasión que El Bosco pintó en grisalla en los postigos exteriores (il. pág. 89) llaman la atención del observador sobre el modelo que proponía san Antonio con su modo de sufrir. A la izquierda, unos soldados asaltan a Jesucristo en el huerto de Getsemaní con la misma maldad con la que los diablos atacan a san Antonio en el reverso, mientras que Judas se aleja apresuradamente y a hurtadillas, llevando sus treinta monedas de plata. En la tabla de la derecha, la procesión hacia el Gólgota se detiene al desplomarse Jesucristo por el peso de la cruz, lo cual permite a la Verónica secar el sudor de su rostro. Los verdugos apenas pueden refrenar su impaciencia ante esta demora, y los mirones fisgonean con vana curiosidad, sin compasión. En un primer término, los dos ladrones se confiesan a unos frailes, cuya aparición resulta un tanto sospechosa, pero que el artista ha reflejado de modo bastante convincente.

De esta manera, el tríptico de Lisboa reúne una vez más los temas principales que han salido al paso al hablar del arte de El Bosco. Por un lado, el espectáculo de pecado y locura y los horrores cambiantes del infierno; por otro lado, las imágenes de sufrimiento de Jesucristo y las del santo que permanece firme en su fe, contraponiéndose a los embates del mundo, del demonio y de la carne. En un tiempo de fe generalizada en la existencia del demonio y del infierno, de convicción absoluta en que la aparición del Anticristo, seguida por el Juicio Final, se produciría sin lugar a dudas en un futuro más o menos próximo, el semblante sereno y libre de todo miedo de san Antonio, asediado por mil demonios, debió de proporcionar tranquilidad y esperanza.

No obstante, en la misma época en que El Bosco pintó el tríptico de Lisboa se comenzaban ya a poner en duda, en muchos lugares de la cristiandad occidental, los valores encarnados por la figura de san Antonio, especialmente los que se refieren a la soledad, a una vida de retiro en un monasterio alejado de los demás hombres. Erasmo de Róterdam y otros humanistas enseñaban que para vivir una plena vida cristiana no era necesario salir del mundo, sino que la salvación se podía alcanzar con una vida honrada y un trabajo honrado dentro del mundo. En 1517, solamente un año después de la muerte de El Bosco, Lutero clavó sus 95 tesis en el portón de la iglesia de Wittenberg, con lo que puso en marcha los acontecimientos que destruirían el viejo orden. Al igual que Lutero, El Bosco criticó frecuentemente la corrupción del clero y de los monjes; ahora bien, de ese modo repetía a una queja ya tradicional. En su obra apenas puede encontrarse algo que signifique un distanciamiento radical de la iglesia medieval. Si bien sus figuras, esas imágenes que creó con su insondable fantasía, se salieron de las líneas marcadas por la convención, eso no significa que rompiera con los dogmas eclesiásticos. La crítica que hizo contra instituciones clericales o sociales estaba orientada a la reforma, pero no tenía una radicalidad preprotestante. En el arte de El Bosco se manifestó con brillantez el «otoño de la Edad Media»; solo en ocasiones se pudo apreciar en él los comienzos de una nueva época, la era del humanismo en la transición a la Edad Moderna.

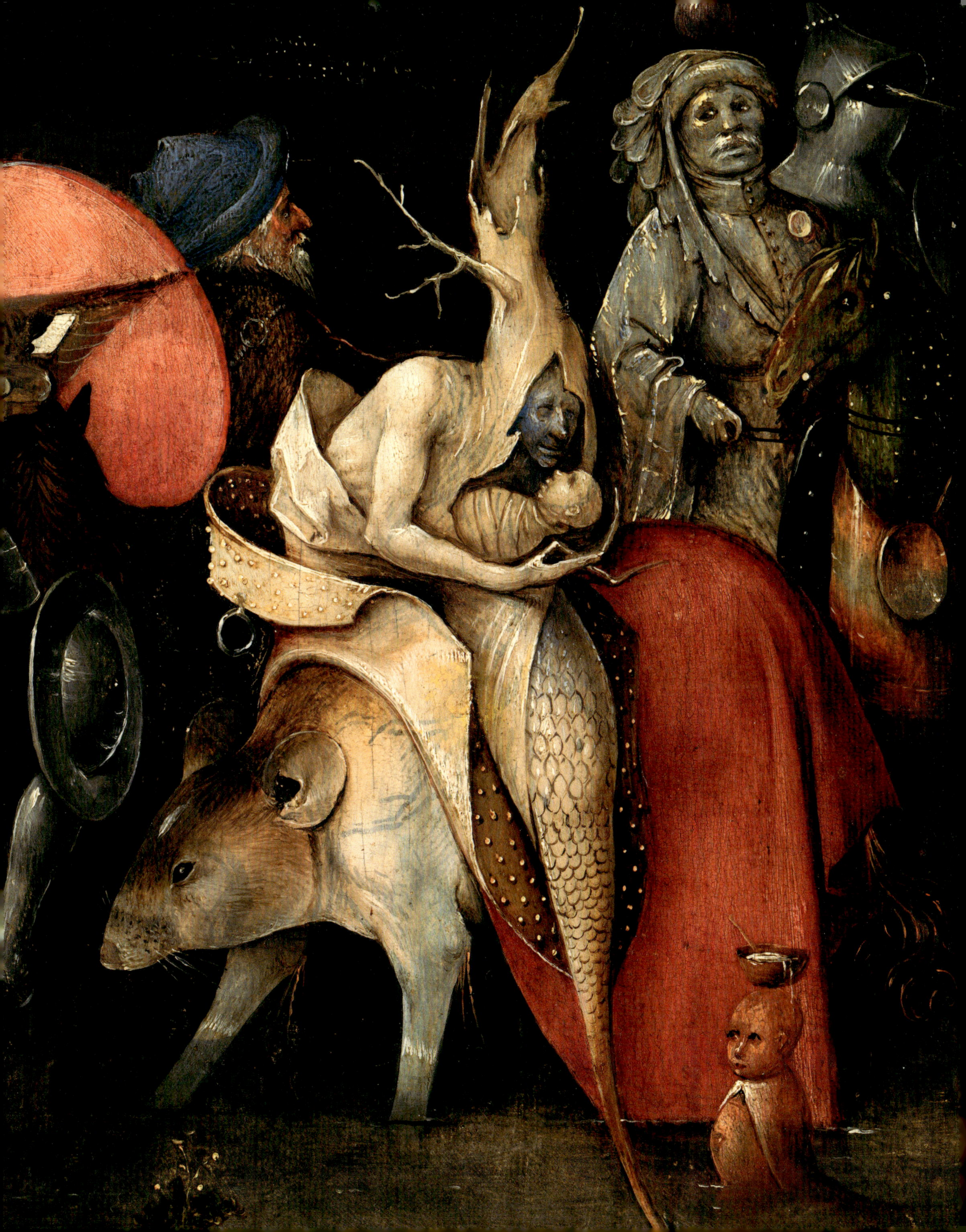

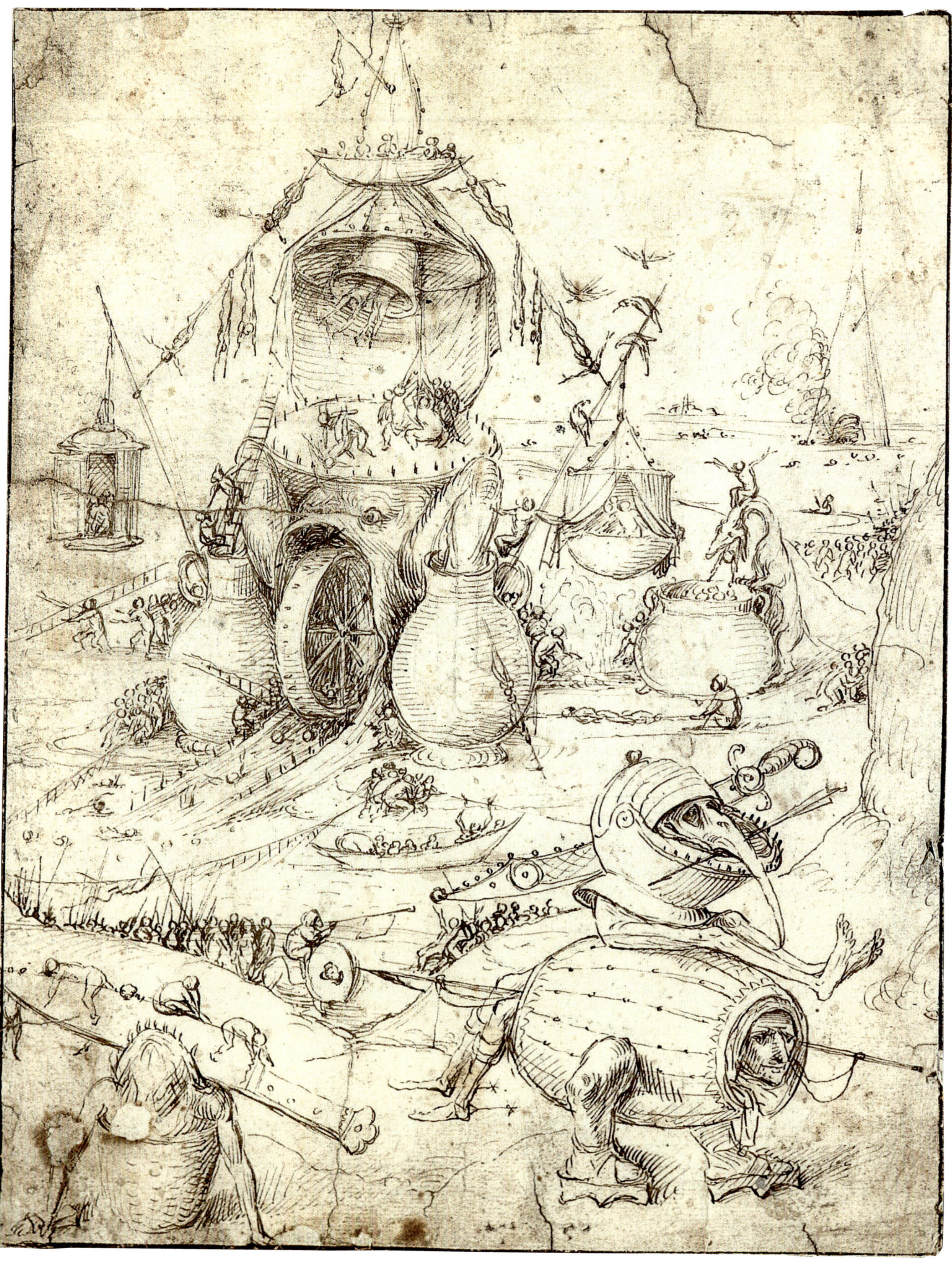

El Bosco
hacia 1450-1516
Vida y obra

Finales del siglo XIV/principios del siglo XV
Los antepasados de El Bosco fijan su residencia
en Bolduque, al norte del ducado flamenco de
Brabante, la capital actual de la provincia neerlandesa de Brabante Septentrional. Teniendo
en cuenta su apellido, Van Aken (Van Aaken,
Van Aeken, Van Acken), es probable que su
familia fuera originaria de la ciudad de Aquisgrán (Aachen en alemán).

1430/31 Primera referencia fechada de la
familia de El Bosco. Jan van Aeken, su abuelo
(fallecido en 1454), tenía cinco hijos, al menos
cuatro de los cuales serían pintores. Uno de
ellos, Antonius van Aken (fallecido hacia 1480),
era el padre de El Bosco.

Hacia 1450 El Bosco nace en Bolduque.
Algunas fuentes datan su nacimiento en 1453.

1474 Primera mención en fuentes documenta-
les, junto con sus dos hermanos y una hermana.

1479-1481 Matrimonio de El Bosco con Aleyt
Goyaerts van den Meervenne, unos años mayor
que su marido y de posición acomodada.

1480/81 El Bosco se menciona por primera vez
en los archivos de la cofradía de Nuestra Señora
de Bolduque. En años posteriores El Bosco lleva
a cabo varios encargos de diseño para la congregación, como un vitral para la nueva capilla en
1493/94, un crucifijo en 1511/12 y una araña para
el coro de la iglesia de San Juan en 1512/13.

1486/87 El Bosco aparece por primera vez en
la lista de miembros de la cofradía de Nuestra
Señora de Bolduque. La hermandad, fundada
en 1318, congrega a hombres y mujeres del ámbi-
to seglar y de órdenes religiosas que ante todo
son devotos de la célebre pintura milagrosa de la
Virgen, la *Zoete Lieve Vrouw* de la iglesia de San
Juan. La mayoría de los hombres de la familia
Van Aken pertenecían a esta cofradía.

1488/89 Tras entrar en la cofradía de Nuestra
Señora, El Bosco pinta para la hermandad los
dos pequeños paneles del retablo, *San Juan
Bautista en el desierto* y *San Juan Evangelista
en Patmos.*

1497 Muere su hermano Goossen, también
pintor.

1504 El duque de Borgoña, Felipe el Hermoso,
encarga un retablo a «Jeronimus van Aeken,

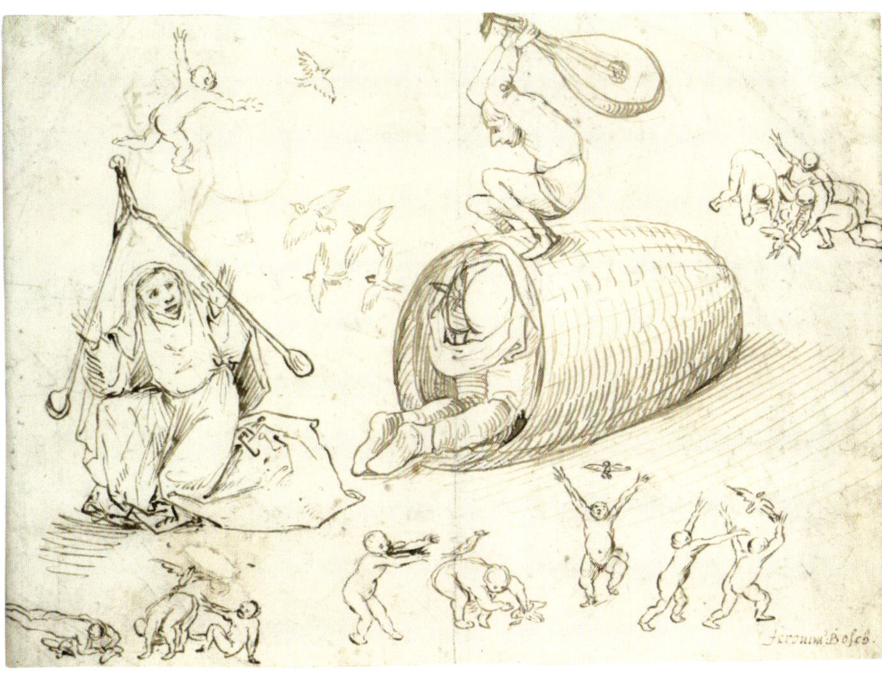

llamado El Bosco». Se trata de la primera referencia al pintor por el nombre de su ciudad
natal ('s-Hertogenbosch en neerlandés). La
pintura debe versar en torno al Juicio final,
el Cielo y el Infierno. Como sucedía en estos
casos, el contrato estipula las dimensiones de
la pintura, así como su temática, además de
hacer provisión de un adelanto de 36 *livres.*

1505 Durante su estancia en Brujas, poco antes
de partir rumbo a España, Felipe el Hermoso ad-
quiere el tríptico *Las tentaciones de san Antonio*
como regalo de despedida para su padre.

1516 La muerte de El Bosco consta en el archivo
de la cofradía de Nuestra Señora.

9 de agosto de 1516 Se celebra una misa de
difuntos en honor a El Bosco en la iglesia
de San Juan.

1522/23 Muere la esposa de El Bosco, Aleyt
Goyaerts van den Meervenne.

1560 En sus *Comentarios de la pintura,*
Felipe de Guevara escribe una de las primeras
reseñas, de las más rigurosas que existen, sobre
la pintura de El Bosco, del que era un experto.

Taller o sucesor de El Bosco
Colmena con hechiceras
Pluma y bistre, 19,2 x 27 cm
Viena, Albertina, colección gráfica

Miembro del taller de El Bosco
(¿Discípulo de El Bosco?)
**Escenas del Infierno para un
Juicio Final,** hacia 1515?
Pluma y tinta marrón, 25,9 x 17,7 cm
Ubicación desconocida
(la última ha sido en Sotheby, Nueva York,
21.01.2003, venta n.º N07870, lote 20)

Pie de imprenta

**CADA LIBRO DE TASCHEN
SIEMBRA UNA SEMILLA**
TASCHEN es una editorial neutra en emisiones
de carbono. Cada año compensamos nuestras
emisiones de carbono con créditos de carbono
del Instituto Terra, un programa de reforestación
de Minas Gerais (Brasil) fundado por Lélia y
Sebastião Salgado. Para saber más sobre esta
colaboración para la protección del medio ambiente, consulte www.taschen.com/zerocarbon
Inspiración: infinita. Huella de carbono: cero.

¿Quiere ver más? Visite taschen.com para
consultar nuestro actual catálogo, hojear el
último número de nuestra revista o suscribirse
a nuestra newsletter.

© 2025 TASCHEN GmbH
Hohenzollernring 53, D–50672 Köln
www.taschen.com

Edición original:
© 1989 Benedikt Taschen Verlag GmbH

© 1973 para el texto: Thames & Hudson Ltd.,
Londres

Editado por Ingo F. Walther
Revisión y compleción: Norbert Wolf, Múnich
Traducción: Lic. Maria Luisa Metz y José M.
García Pelegrín; Carme Franch para Delivering
iBooks & Design, Barcelona

Printed in Slovakia
ISBN 978–3–8365–5984–3